Hoefs · Führmann

DAS KOSMOS
ERZIEHUNGSPROGRAMM FÜR HUNDE

KOSMOS

Umschlaggestaltung von Friedhelm Steinen-Broo, eSTUDIO CALAMAR, unter Verwendung von 11 Farbaufnahmen von Thomas Höller (Hauptmotiv U1) und Christof Salata (kleine Motive U1 und U4)

Mit 400 Farbfotos

Die Deutsche Bibliothek - CIP-Einheitsaufnahme
Das **Kosmos Erziehungsprogramm** für Hunde / Nicole Hoefs;
Petra Führmann. - Stuttgart : Kosmos, 1999
ISBN: 3-440-07775-6

© 1999, Franckh-Kosmos Verlags-GmbH & Co, Stuttgart
Alle Rechte vorbehalten
ISBN: 3-440-07775-6
Lektorat: Ute-Kristin Schmalfuß
Gestaltungskonzept und Satz: Friedhelm Steinen-Broo, eSTUDIO CALAMAR
Herstellung: Markus Schärtlein

Printed in Italy/Imprimé en Italie
Druck und Binden: Printer Trento s.r.l., Trento

Alle Angaben in diesem Buch sind sorgfältig geprüft und geben den neuesten Wissensstand bei der Veröffentlichung wieder. Da sich das Wissen aber laufend weiterentwickelt und vergrößert, muß jeder Anwender selbst prüfen, ob die Angaben nicht durch neuere Erkenntnisse überholt sind. Dazu gehört z.B., im Zweifelsfall den Tierarzt zu konsultieren, Beipackzettel zu Medikamenten zu lesen, Gebrauchsanweisungen und Gesetze zu befolgen.

Bildnachweis
Heike Erdmann/Kosmos: 2 Fotos: S. 38, 39; 3 Fotos: S. 57 re.; 4 Fotos: S. 168, 169; 1 Foto: S. 170; 3 Fotos: S. 178, 179; 1 Foto: S. 195; 1 Foto: S. 197; Thomas Höller: 1 Foto: S 12, 13; 5 Fotos: S. 14, 15; 4 Fotos: S. 16,17; 2 Fotos: S. 22, 23; 3 Fotos: S. 24, 25; 1 Foto: S. 35; 2 Fotos: S. 36; 1 Foto: S. 45 re.; 4 Fotos: S. 46, 47; 3 Fotos: S. 48, 49; 3 Fotos: S. 50, 51; 2 Fotos: S. 56, 57 li.; 4 Fotos: S. 58, 59; 2 Fotos: S. 66, 67; 3 Fotos: S. 72, 73; 3 Fotos: S. 76, 77; 3 Fotos: S. 80, 81; 1 Foto: S. 93; 2 Fotos: S. 94; 2 Fotos: S. 102; 1 Foto: S. 189; 1 Foto: S. 196; Thomas Höller/Kosmos: 2 Fotos: S. 60, 61; 2 Fotos: S. 98; 2 Fotos: S. 192, 193; Pedigree Pal: 3 Fotos: S. 215; Reinhard-Tierfoto: 1 Foto: S. 220, 3 Fotos: 226, 227; Ralf Roppelt/Sahara Werbeagentur: 1 Foto: S. 66 o.; Marc Rühl/Kosmos: 3 Fotos: S. 96, 97; Karl-Heinz Widmann: 3 Fotos: S. 8, 9; 2 Fotos: S. 64, 65; 1 Foto: S. 156, 157; 1 Foto: S. 188; 3 Fotos: S. 190, 191; 3 Fotos: S. 194; 1 Foto: S. 225. Alle übrigen Fotos von Christof Salata/Kosmos.

Der Verlag dankt der Firma Pedigree Pal herzlich für die freundliche Unterstützung bei der Bebilderung dieses Buches.

Inhalt

Zum Geleit	Günther Bloch	8
Über dieses Buch	Nicole Hoefs und Petra Führmann	10
Grundlagen der Hundeerziehung	Möglichkeiten und Grenzen der Erziehung	12
	Was kann der Hund lernen	14

Die Basiserziehung — 20

Die Pfeiler der Basiserziehung — 20

Erziehungsmethode und Hilfsmittel — 22

Grundsätze — 22
Hörzeichen nur einmal geben — 23
Sofort korrigieren — 23
Einfache Hörzeichen — 24
Konsequenz ist alles — 25
Gehorchen als Gewohnheit — 26

Stimmungsübertragung — 26

Das Lob — 27

Leckerchen — 28
Warum Leckerchen? — 28
Wie lange geben? — 28
Welche Leckerchen sind geeignet? — 28

Verstärkung im richtigen Moment — 29
Timing ist alles — 29
Timing kann man üben — 32
Zuwendung im Alltag — 32

Erziehungshilfsmittel — 33
Leinen und Halsbänder — 33
Kopfhalfter — 34
Wurfkette — 34
Hundepfeife — 34

Ernährung und Erziehung — 37
Schlechte Fresser kurieren — 39
Wieviel füttern? — 40

Praktische Hundeerziehung

	Entwicklungsphasen des Hundes und ihre Bedeutung	46
	Rassespezifische Unterschiede	46
	Erziehungsrelevante Aspekte	47
	Umweltsozialisation	48
	Die ersten Lebensmonate	48
	Was muß der Hund lernen?	49
	Nicht überfordern!	49
	Ruhe und Gelassenheit ausstrahlen	49
	Umweltsozialisation auf einen Blick	50
	Mein Hund ist ängstlich	54
	Welpenspielgruppen	55
	Der Welpe und sein soziales Umfeld	56
	Bindungsvoraussetzungen	56
	Bindung und Gehorsam	56
	Welpenschutz	57
	Die Unterdrückung des Jagdverhaltens beim Welpen	59
	Selbstbelohnendes Verhalten	59
	Abhilfe schaffen	61
	Wildreiche Gebiete meiden	61
	Erziehungsübungen in den Wildpark verlegen	63
	Jagdverhalten im Alltag	64
	Schlafplatz	66
	Stubenreinheit	67
	Alleinbleiben	70
	Kommen auf Zuruf	72
	Grundsätze fürs Kommen	73
	Leckerchen	73
	Praktische Übungen für Welpen	76
	Lernziel	76
	Voraussetzungen und Hilfsmittel	76
	Hör- und Sichtzeichen	77
	Schritt-für-Schritt-Anleitung	78

Übungen für Junghunde und erwachsene Hunde	86
Die Arbeit mit der Schleppleine	86
Regeln für das Kommen auf Zuruf	93
Typische Fehler vermeiden	96
Nicht vom Weg abkommen	96
Die Wurfkette	99
Aufbau – Konditionierung auf das Rasseln	100
Wozu Sitz, wozu Platz?	104
SITZ	105
Lernziel	105
Voraussetzungen und Hilfsmittel	105
Hör- und Sichtzeichen	105
Schritt-für-Schritt-Anleitung	105
PLATZ	113
Lernziel	113
Voraussetzungen und Hilfsmittel	113
Hör- und Sichtzeichen	113
Schritt-für-Schritt-Anleitung	113
Leinenführigkeit	127
Stehenbleiben	128
Richtungswechsel	129
Belohnung	129
Das Kopfhalfter	133
Vorteile	133
Gewöhnung an das Kopfhalfter	133
Übungen mit zwei Leinen oder Doppelleine	135
Wann wird das Kopfhalfter eingesetzt?	136
AUS	139
Lernziel	139
Hörzeichen	139
Die Tauschmethode	139
Die Haltemethode	141
Der Schnauzgriff	143

	Für Fortgeschrittene	144
	Variationen der Platzübung	144
	Fußtraining	153
	Lernziel	153
	Hörzeichen	153
	Schritt-für-Schritt-Anleitung	153
Hundeerziehung im Alltag	Konsequenz im täglichen Umgang	158
	Regeln für den Alltag	161
	Alltagsübungen	163
	Manipulationsverhalten – die heimlichen Sieger	165
	Offenes Dominanzverhalten	172
	Hochspringen abgewöhnen	173
	Unerwünschtes Verhalten im Haus	175
	Sozialkontakt mit anderen Hunden	183
	Verhalten an der Leine	184
	Auslauf	187
	Spazierengehen und Streunen	188
	Autofahren	193
	Kinder und Hunde	195
Spielen und Erziehung	**Spielen – aber richtig**	202
	Spielen fördert die Bindung	202
	Regelmäßig und richtig spielen	203
	Spielmotivation erhöhen	205
	Kein Dominanzkampf	205
	Spielen beim Training	206
	Richtig spielen Schritt-für-Schritt	
	Kontaktliegen und Schmusen	211

	Was zählt nicht zur sozialen Kommunikation?	212
	Unterforderung	213
	Ihr Hund braucht eine Aufgabe	214
	Abwechslungsreiche Spaziergänge	215
	Beschäftigungsideen für jeden Tag	216
	Suchspiele	216
	Beutespiele	217
	Kunststückchen	217
	Fahrradfahren	219
Service	So finden Sie gute Hundetrainer	222
	Und was ist mit den Wölfen?	226
	Ein Wort zum Schluß von Perdita Lübbe-Scheuermann	227
	Zum Weiterlesen	228
	Videos	229
	Quellenangaben	230
	Register	232
	Nützliche Adressen	236

Übungspläne	für Welpen	71
	»KOMM« für Welpen	85
	»Schleppleinentraining«	95
	»Wurfkettentraining«	103
	»SITZ«	112
	»PLATZ«	125
	»Leinenführigkeit«	131
	»Kopfhalfter«	137

ZUM GELEIT

Der Meinung des weltweit anerkannten Biologen Prof. Raymond Coppinger folgend, stellen Hunde ein „evolutionäres Phänomen" dar. Sie besitzen die enorme Gabe, sich dem jeweiligen Hausstand äußerst flexibel anzupassen. Diese Integrationsfähigkeit beinhaltet jedoch auch, daß der Opportunist Hund nicht selten versucht, Freiräume in der Sozial- und Futterrangordnung zu besetzen. Leider erkennt der Sozialpartner Mensch oft nicht, daß der Hausstand jene ökologische Nische darstellt, die in eine konsequente Tabuwelt eingeteilt werden muß. Hier liegt meiner Meinung nach der Schlüssel zu einer harmonischen Mensch-Hund-Beziehung.

Was aber macht der Mensch? Nicht selten sieht er seinen Hund als Demokraten, als gleichrangiges Mitgeschöpf, welches es zu verwöhnen gilt. Unsere Wertigkeiten wie Rache, Eifersucht oder schlechtes Gewissen werden gedankenlos auf ein Lebewesen übertragen, welches immerhin – und das sollte man nie vergessen – vom Beutegreifer Wolf abstammt!

Die Vermenschlichung von Hunden bringt uns nicht weiter. Im Gegenteil, eine solche Einstellung torpediert jegliche Bemühung, diese hochsozialen Lebewesen artgerecht zu halten.

Auch wenn wir Menschen es ihnen oft unterstellen, haben die allermeisten Hunde keine Probleme. Sie brauchen keine aufwendigen Therapien. Sie brauchen Sozialpartner, die verläßlich sind, die Führungspersönlichkeit zeigen und eine agierende Rolle übernehmen.

Wie man in der modernen Hundeerziehung die Initiative ergreift, kann man lernen. Der Mensch muß nur dazu bereit sein. Moderne Hundeerziehung sollte nicht mit pauschal angewandter Härte und Brutalität einhergehen, Stachelhalsbänder und Knechtschaft der Vergangenheit angehören.

Dieses Buch zeigt in ausführlicher Form, wie der „moderne Haushund" zu einem angenehmen Zeitgenossen erzogen werden kann. Es ist den Autorinnen hoch anzurechnen, daß sie die Individualität eines jeden Hundes in den Vordergrund der Betrachtungen stellen. Sie stehen pauschalen Erziehungsmethoden mit Recht sehr skeptisch gegenüber und wählen somit den schwierigeren Weg: Nicole Hoefs und Petra Führmann bemühen sich stets, der Beachtung Hundetypen bestimmender Verhaltensbesonderheiten und der adaptiven Verhaltensanpassung der jeweiligen Umweltbedingungen Rechnung zu tragen. Hundetrainer gibt es in Deutschland mittlerweile wie Sand am Meer, begabte Hundetrainerinnen, die sich vor allem auch um eine stets notwendige Weiterbildung bemühen, bedauerlicherweise noch recht selten. Petra Führmann und Nicole Hoefs zähle ich persönlich zu den wenig verbreiteten „Lichtstreifen am Hundeerziehungshorizont". Ihrem Buch ist deshalb eine weite Verbreitung zu wünschen. Der mehr Freiheit genießende, weil gut erzogene Hund wird es ihnen danken.

Günther Bloch
Hundeerzieher und Verhaltensberater
Bad Münstereifel

ZU DIESEM BUCH

Die Autorinnen mit ihren Hunden Shean und Orson.

Nicole Hoefs mit ihrem Dobermann Brian.

Noch ein Ratgeber mehr in der ohnehin schon unübersichtlichen und verwirrenden Welt der Erziehungsratgeber für Hunde, so mag der nun endgültig orientierungslos gewordene Hundebesitzer aufstöhnen. Und tatsächlich, vergleicht man zehn verschiedene Erziehungsratgeber für den Hundefreund, so darf man sich mit elf unterschiedlichen Methoden vergnügen, die einander häufig widersprechen, aber genauso häufig die eigene Methode als das ausschließliche non-plus-ultra propagieren.

Wir sind der Ansicht, daß sich dieses Dilemma durch entsprechende verhaltensbiologische Grundlagenlektüre, wie z. B. Trumler, Brunner, Zimen und/oder Weidt (eine Literaturliste finden Sie im Anhang) auflösen läßt. Auf der Grundlage von Hintergrundwissen kann jeder interessierte Laie mehr Selbständigkeit und Selbstsicherheit auf dem mittlerweile von Experten nur so wimmelnden Markt der Hundeerziehung gewinnen und lernen, sinnvolle von sinnlosen Erziehungsmaßnahmen zu unterscheiden.

So möchten wir Ihnen auch begleitend zu diesem Buch einen der oben erwähnten Autoren empfehlen, damit Sie den größtmöglichen Nutzen aus unserem Ratgeber ziehen können.
Ein Erziehungsratgeber für Hunde unterliegt durch die immanent notwendige Systematik immer der Gefahr der Pauschalisierung und der Vereinfachung.

Auch diesem Buch liegt ein System zugrunde, welches sich im Laufe der Jahre herauskristallisiert und in unserer Hundeschule bei sehr vielen Hunden bewährt hat. Dennoch ist dieses System kein Dogma, welches von Ihnen verlangt, alle Punkte in der beschriebenen Form „nachzubeten". Hunde sind hochkomplexe Wesen und verdienen eine individuelle Herangehensweise. Die von uns beschriebenen Punkte markieren gemäß unserer Erfahrung häufige Problemzonen in der Mensch-Hund-Beziehung bzw. bieten die Möglichkeit, bei entsprechender Beachtung das Verhalten des Hundes positiv zu verändern. Jeder kann durch kritische Selbstprüfung herausfinden, was hier für ihn zutrifft und was nicht.

Die Anwendung unserer Ratschläge, ob vollständig oder teilweise, erfordert Zeit, Geduld und Engagement. Wir können Ihnen keinen wohlerzogenen Hund innerhalb von drei Tagen

versprechen oder gar den berühmten Knopfdruck präsentieren. Eine befriedigende Mensch-Hund Beziehung verlangt mehr als zwanzig Minuten pro Woche „**SITZ, PLATZ, FUSS**, im Kreislaufen" auf einem eingezäunten Hundeplatz.
Ein wichtiger Faktor, der leider im Rahmen dieses Buches wenig berücksichtigt werden konnte, ist der rassespezifische Unterschied von Hunden und deren Aus-

Petra Führmann mit Jordy, einem Border Collie.

wirkung auf die Hundehaltung und Erziehung. So sollten Sie insbesondere bei der Haltung und Erziehung von Herdenschutzhunden fachmännische Hilfe in Anspruch nehmen. Literatur über einzelne Hunderassen ist leider nicht immer eine Hilfe, da häufig einseitig über Vorzüge berichtet wird. Besitzer von Rassehunden sollten sich in jedem Fall darüber informieren, welches genetische Material der eigene Hund mitbringt und dies dringend sowohl in der Erziehung als auch in der Haltung berücksichtigen. Eine Menge Erziehungsprobleme würden sich erübrigen, müßte z. B. der hochsoziale Husky nicht häufig isoliert im Zwinger sitzen und/oder sich womöglich noch mit einer Stunde Auslauf täglich an der Flexileine begnügen. Das gleiche gilt für den als Familienhund mittlerweile sehr beliebten Kleinen Münsterländer, der es nur schwer verkraftet, seine jagdlichen Anlagen nicht ausleben zu dürfen.
Die Liste der Probleme, die durch nicht art- und rassegemäße Haltung verursacht werden, läßt sich beliebig fortsetzen. Die meisten Rassen der heute beliebten Familienhunde wurden jahrhundertelang gezielt gezüchtet, um eine bestimmte Arbeit zu verrichten und bedürfen, als Familienhund gehalten, dringend der Kompensation. Dies gilt es zu überdenken, bevor man einen Hund als schwer erziehbar abstempelt.
Der vorliegende Ratgeber versteht sich tatsächlich als solcher. Möge sich der interessierte Hundebesitzer daraus das holen, was ihm und seinem Hund liegt.

GRUNDLAGEN DER ERZIEHUNG

▶ 14 WAS KANN DER HUND LERNEN?

▶ 20 DIE BASISERZIEHUNG

▶ 22 ERZIEHUNGS- METHODE UND HILFSMITTEL

▶ 37 ERNÄHRUNG UND ERZIEHUNG

Grenzen der Erziehung
WAS KANN DER HUND LERNEN?

Was können Sie erwarten?

Was kann man von seinem Hund im Rahmen der Familienhundeerziehung erwarten und was nicht? Wo sind die Grenzen, wie muß man sich verhalten, was darf getadelt werden, was nicht?

Wir erleben in unserem Unterricht immer wieder Fälle, in denen Besitzer von ihren Hunden vollkommen unrealistische Dinge erwarten und enttäuscht sind, wenn sich ihre Erwartungen nicht erfüllen. Genauso passiert es, daß Menschen ihre Hunde schlicht und ergreifend für zu dumm halten, um gewisse Erziehungsübungen zu verstehen, und dahinter eigene Unwissenheit oder Inkonsequenz verstecken. Als kleines Beispiel sei der allgemein übliche Umgang mit Welpen angeführt.

Hohe Schule und Rettungshundeausbildung.

Was kann der Hund lernen?

Erziehung beginnt am ersten Tag

Während der Mensch oft der Meinung ist, ein Welpe sei noch zu jung, zu klein, zu dumm, um erzogen zu werden, reagiert er enttäuscht und ärgerlich, wenn sein Welpe nach einigen Wochen noch nicht zuverlässig stubenrein ist. Ist der Hund zuverlässig sauber, wird dies hingegen entweder als Selbstverständlichkeit betrachtet, die es nicht weiter zu erwähnen lohnt, oder als eine Leistung gesehen, auf die man (zu Recht) stolz ist. Was glauben Sie eigentlich, was passiert, während Sie sich um die Stubenreinheit des jungen Hundes bemühen? Richtig, Sie *erziehen* ihn.

Haben Sie sich schon einmal klargemacht, auf welch hoher Abstraktionsebene diese Erziehung für den Hund abläuft? Es ist keineswegs selbstverständlich, daß der Welpe oder der junge Hund begreift, daß er den Gummibaum in Ihrem Wohnzimmer nicht, den Johannisbeerstrauch im Garten hingegen durchaus anpinkeln darf.

Ein Wesen, welches imstande ist, Erziehung auf so hohem Abstraktionsniveau anzunehmen, soll (noch) zu dumm sein, zu lernen, daß es auf Zuruf kommen soll? Die Antwort auf diese rhetorische Frage liegt auf der Hand.

Die Lernfähigkeit von Hunden ist enorm.

Grundlagen der Erziehung

Sämtliche Erziehungsübungen, wie sie in diesem Besuch beschrieben sind, sind verstandesmäßig eine leichte Sache für den Hund. Er versteht schnell, daß er sich beim Hörzeichen **PLATZ** hinlegen soll, und auch, bei entsprechender Konsequenz und Übung, daß nur Sie diese Übung wieder beenden. Dieses Beispiel läßt sich auf alle anderen Übungen übertragen.

Konsequenz und Anwesenheit

Erwarten können Sie, daß die Übungen, die Sie dem Hund mit unserer Hilfe beibringen, zuverlässig ausgeführt werden. Daß dies nur bei absoluter Konsequenz zu erlangen ist, haben Sie bestimmt schon längst erkannt. Um dies zu erreichen, ist aber eines erforderlich, und zwar Ihre Anwesenheit, um den Hund zu kontrollieren und korrigieren. Das heißt im umgekehrten Fall, daß Sie nicht erwarten können, daß Ihr Hund, sobald er ohne Beaufsichtigung ist, nur brav in einer Ecke liegt.

Genauso ist es unrealistisch zu erwarten, daß der Hund nicht auf die Idee kommt, ein uneingezäuntes Grundstück zu verlassen, um sich etwas in der Gegend umzusehen. Um so mehr, wenn er den Garten gut kennt und daher für ziemlich langweilig hält.

Rassenspezifische Ausbildung – der Jagdhund.

Sicher gibt es immer wieder Hunde, die völlig stoisch auf uneingezäuntem Gelände stundenlang vor dem Haus liegen, ohne auf den Gedanken zu kommen, sich zu entfernen. Solche Tiere haben in der Regel eine extrem starke Bindung an den Ort, an dem sie leben. Oft ist diese Bindung stärker als die Bindung an die Besitzer, denn solche Tiere leben in der Regel nicht in der Wohnung oder im Haus ihrer Besitzer.
Hinzu kommt, daß solche Hunde ein geringes bis überhaupt nicht vorhandenes Interesse an ihrer Umgebung haben. So etwas gibt es tatsächlich, und jeder hat damit sicher so seine eigenen Erfahrungen. Erwarten kann man solch ein Verhalten in der Regel aber nicht, und auch erzieherisch ist dies dem durchschnittlich an seiner Umwelt interessierten Hund gewaltfrei kaum beizubringen.

Erziehung ist Interaktion

Erziehung wird durch Interaktion bestimmt, also durch jemanden, der a) agiert und b) reagiert. Hierzu ist eines erforderlich, nämlich die Anwesenheit von a) und b). Das heißt, sollten Sie abwesend sein, müssen Sie entsprechende Vorsichtsmaßnahmen ergreifen, damit der Hund niemanden belästigen kann, nichts anstellen kann, aber auch niemand ihn ärgern oder verstören kann (z.B. vorbeilaufende Kinder).

*Magyar Vizsla
(Ungarischer Vorstehhund)
der Spezialist bei der Arbeit.*

Grundlagen der Erziehung

Mangelnde Bindung

Abschließend zur Verdeutlichung ein Fallbeispiel: Vor einiger Zeit klagte ein Kunde darüber, daß sein Hund immer weglaufe und dann durch den ganzen Ort streune. Dies sei sein Hauptproblem, ansonsten komme er ganz gut mit dem Hund klar, und außer dieser Streunerei gebe es seiner Ansicht nach auch nichts Behebenswertes im Verhalten des Tieres.

Im weiteren Verlauf des Gespräches stellte sich heraus, daß der Hund die meiste Zeit des Tages auf dem Grundstück des Kunden verbrachte. Nachts war er im Vorbau des Hauses untergebracht. Das Grundstück war nur unzureichend eingezäunt.

Hierzu ist folgendes zu sagen: Aufgrund der isolierten Haltung verfügte dieser Hund über eine vollkommen unzureichende Bindung an seine Familie. Der Garten – obwohl groß und schön – langweilte das temperamentvolle Tier, welches mit den Reizangeboten hier vollkommen unterfordert war und sich entsprechende Kompensation außerhalb suchen wollte. Erziehung ist in einem solchen Fall nicht möglich, bestenfalls mit entsprechender Zwangseinwirkung. Der Kunde hätte besser daran getan, die Unterrichtsgebühr in einen entsprechenden Zaun zu investieren. Was in diesem Fall auf der Strecke bleibt, ist das Tier, welchem so die Möglichkeit der Kompensation genommen wird, die der Besitzer nicht bereit

Sinnvolle Beschäftigung mit dem Hund.

war, durch eine entsprechende Haltungsänderung zu gewähren. Von der Gefährlichkeit solcherart gehaltener Hunde, die unter der Reizarmut ihrer Umgebung leiden, haben wir alle schon zur Genüge in der Zeitung gelesen.

Außenreize und Beschäftigung

Auch wenn es nicht unbedingt in dieses Kapitel gehört, sei doch darauf hingewiesen, daß kein noch so schöner Garten, Zwinger oder Hundehütte die Beschäftigung des Menschen mit dem Hund und den Spaziergang mit ihm ersetzen kann.

Viele Erziehungsprobleme würden sich von selbst erledigen, wenn die Besitzer den Bedürfnissen ihres Tieres nach sinnvoller Beschäftigung sorgfältiger Rechnung tragen würden. Manche Verhaltensstörungen und Erziehungsprobleme haben ihre Ursache darin, daß der Hund sich schlicht und ergreifend langweilt, da er seinen „ach so schönen Garten" auswendig kennt und auch den Spazierweg um die Ecke. Überlegen Sie sich einmal, welche Wirkung es auf Sie hätte, wenn Sie jahrein, jahraus immer nur dasselbe sehen, riechen und wahrnehmen müßten.

Ein weiteres Beispiel: Sie können ebenfalls nicht erwarten, daß Ihr Hund Einsicht in die Erfordernisse des Straßenverkehrs erlangt. Selbst Hunde, die schon Zusammenstöße mit Autos hatten, haben ihr „unvernünftiges" Verhalten, bei Verkehr über die Straße zu laufen, nicht geändert. Dahingegen können Sie Ihrem Hund bei entsprechendem Üben beibringen, den Gehwegrand zu akzeptieren und nur auf Aufforderung über die Bordsteinkante zu treten. Dies setzt aber voraus, daß Sie Ihren Hund für eine lange Zeit kontrollieren, immer wieder an der Kante anhalten lassen (mit Leine!) und erst mit einem entsprechenden Hörzeichen (hier können Sie durchaus das sonst gebräuchliche **LAUF** verwenden) weitergehen lassen.

Spielen als Ersatzhandlung für Jagdverhalten.

Wie viele Hörzeichen können Hunde lernen?

Untersuchungen haben ergeben, daß ein durchschnittlich begabter Hund etwa vierzig Hörzeichen erlernen und zuverlässig unterscheiden kann. Die Basiserziehung mit **SITZ, PLATZ, FUSS, KOMM** und **LAUF** stellt also wirklich nur eine Minimalanforderung dar.

Die Basiserziehung
DIE PFEILER DER BASISERZIEHUNG

Die Basiserziehung umfaßt im wesentlichen vier Punkte:
- Grundbegriffe wie **KOMM, SITZ, PLATZ** etc.
- Konsequenz im täglichen Umgang
- Richtige Beschäftigung mit dem Hund
- Unterbindung des Manipulationsverhaltens

Kein Gentleman's Agreement

Ein „bißchen Gehorsam" gibt es bei Hunden nicht. Entweder nimmt Ihr Hund Sie ernst und befolgt Ihre Wünsche, oder er tut es nicht. Ein „Gentleman's Agreement" können Sie mit einem Hund nicht schließen.

Viele Leute kommen mit dem Ansinnen „der Hund soll ja nur kommen, wenn ich ihn rufe" zu uns. Leider stellt dieses „nur" das schwierigste Problem der Hundeerziehung dar und ist nur unter Beachtung aller Punkte unserer Erziehungsmethode zu erreichen!

Alle Pfeiler der Basiserziehung stehen gleichberechtigt nebeneinander. Denken Sie nicht: „Im Haus ist mein Hund der bravste der Welt, ich übe nur das Kommen!" Gerade der Umgang im Alltag entscheidet oft über den Erfolg der Erziehung.

Wecken Sie das Interesse Ihres Hundes.

Die Basiserziehung

Führungsqualitäten entwickeln

Bemühen Sie sich, alle Punkte zu beachten. Denken Sie nicht, nur der Hund müsse lernen! Das meiste müssen Sie lernen, Ihren gesamten Umgang mit dem Hund überdenken und neu gestalten. Das kann sehr mühsam und anstrengend sein. Aber es lohnt sich! Sie werden eine völlig neue Beziehung zu Ihrem Hund eingehen. Eine Beziehung, die für beide Seiten lohnend und befriedigend ist. Ihr Hund wird Sie mit ganz anderen Augen betrachten: Als jemanden, der fähig ist, die Richtung vorzugeben.

Diese Basiserziehung stellt keine Korrekturerziehung für Verhaltensprobleme dar. Hierfür ist auf jeden Fall ein individuelles Therapieprogramm notwendig. Die meisten „normalen" Erziehungsprobleme jedoch lassen sich mit der Basiserziehung lösen.

Was Sie von Ihrem Hund erwarten können

Auf einen Blick

Erziehung ist Interaktion, besteht aus Aktion und Reaktion und ist entsprechend nur möglich, wenn die Anwesenheit sowohl des Erziehers als auch des Zöglings gegeben ist.

1. Die zuverlässige Ausführung dessen, was Sie dem Hund durch Ihre täglichen Wiederholungen und Ihre Konsequenz im täglichen Umgang beibringen.

2. Eine intensivere Bindung und erhöhte Kooperationsbereitschaft des Tieres, sofern Sie sich durch angemessene Beschäftigung einbringen und für den Hund interessant werden.

3. Darüber hinaus, daß Ihr Vierbeiner sich nach Ihren Vorstellungen von freier Zeiteinteilung richtet, sofern Sie das Kapitel „Unterschwelliges Dominanz-/Manipulationsverhalten" verinnerlichen, was gleichzeitig von unschätzbarem Wert bei der Erziehungsbereitschaft des Tieres ist.

Erziehungsmethode und Hilfsmittel

GRUNDSÄTZE

Obwohl es schon fast eine Binsenweisheit ist, möchten wir an dieser Stelle darauf hinweisen, daß Hunde natürlich nicht in der Lage sind, den Inhalt der menschlichen Rede zu verstehen. Hunde lernen, Ton und Stimmung des Menschen zu interpretieren und mit bestimmten Situationen bzw. Anforderungen zu verknüpfen. Zu Beginn müssen Sie also lernen, Stimme und Körpersprache richtig einzusetzen, und sich außerdem eine eindeutige, einfache Sprache angewöhnen.

Erziehungsmethode und Hilfsmittel

Hörzeichen nur einmal geben

Geben Sie dem Hund ein Hörzeichen, so gewöhnen Sie sich gleich daran, daß alle Hörzeichen, egal ob **SITZ** oder **PLATZ**, nur ein einziges Mal gegeben werden. Ignoriert der Hund Sie, müssen Sie sofort reagieren. Sofort bedeutet nicht erst nach fünf Sekunden, sondern eben in dem Moment, in dem Sie den Mund wieder zugemacht haben.

Sofort korrigieren

Keinesfalls soll Ihr Hund lernen, daß Sie immer alles dreimal sagen, bevor Sie es dann definitiv durchsetzen. Möchten Sie, daß Ihr Hund zuverlässig gehorchen lernt, ist eine sofortige Korrektur unabdingbar. Andernfalls geben Sie Ihrem Hund das Gefühl, daß Sie die Hörzeichen nicht ernst meinen, und entsprechend wird er sich dann auch verhalten. Der Hund

Kommt er, oder kommt er nicht?

Grundlagen der Erziehung

empfindet eine mehrfache Aufforderung als Bitte von Ihnen, der er vielleicht gewillt ist nachzukommen, wenn er Lust hat. Können Sie sich vorstellen, daß der Hund so in Ihnen den geliebten Rudelführer entdeckt, dem er bereitwillig und gern gehorcht? Wohl kaum. Also nochmals: Fordern Sie den Hund nicht mehrfach auf, er möge jetzt doch bitte **SITZ** oder **PLATZ** machen. Ab sofort geben Sie Hörzeichen nur einmal und setzen sie bei Nichtbeachtung sofort durch entsprechende Körperhilfen (dazu später mehr) durch.

Einfache Hörzeichen

Sprechen Sie mit Ihrem Hund einfach und verständlich. Das heißt z.B. bezogen auf das Hörzeichen **PLATZ**, daß hier auch wirklich nur dieses eine Wort verwendet wird. Erzählen Sie dem Hund bitte keinen Roman in Form von „Ich hab dir doch jetzt schon dreimal gesagt, du sollst **PLATZ** machen" oder etwa „Los, jetzt mach mal schön **PLATZ**, aber sofort". Der Hund ist in dieser Phase der Erziehung damit völlig überfordert. Eine einfache Sprache ist das Mittel der Wahl: **PLATZ, SITZ, FUSS, PFUI, NEIN.** Mehr brauchen Sie nicht, wenn Sie ein Hörzeichen geben wollen. Selbstverständlich wird für jede Übung nur ein Wort verwendet, z.B. **PLATZ** für das Hinlegen.

Jetzt ist Ihr Hund mit Spielen beschäftigt. Rufen Sie ihn nicht.

Grundsätze

Konsequenz ist alles

Die Basiserziehung stellt geringe Anforderungen an die Intelligenz Ihres Hundes. Eine Erziehung auf *hohem* Intelligenzniveau ist beispielsweise eine Blinden- oder Behindertenhundeausbildung, bei der ein Hund unter anderem lernt, seinem Besitzer einen leeren Stuhl in der Gaststätte zu suchen. Bezogen auf Ihre Erziehungssituation bedeutet dies, daß Ihr Hund, nachdem man ihm mehrfach gezeigt hat, was bei **PLATZ** oder **SITZ** von ihm verlangt wird, dies prinzipiell begriffen hat. Ob er es ausführt oder nicht, liegt jetzt lediglich an Ihrer Konsequenz und Ihrem Interesse an einer zuverlässigen Erziehung. Ohne Konsequenz werden Sie nie einen zuverlässig erzogenen Hund Ihr eigen nennen können. Stellen Sie Ihr Verhalten in der beschriebenen Weise um. Ihr Hund schätzt menschliche Konsequenz und Rudelführerfähigkeit und quittiert dies mit dem Verhalten, das Sie von ihm erwarten.

Was bedeutet Konsequenz?

Konsequent sein heißt zum einen, all das, was man vom Hund fordert, in der oben beschriebenen Weise sofort durchzusetzen, und zum anderen die tägliche Wiederholung des Gelernten.

Konsequenz wird durch freudiges Kommen belohnt.

Bitte bedenken Sie auch einmal Ihren bisherigen Umgang mit dem Hund. Wie oft haben Sie in der Vergangenheit irgendwelche Hörzeichen gegeben, ohne diese durchzusetzen? Wie oft haben Sie schon **SITZ** oder **PLATZ** verlangt, ohne darauf zu achten, ob der Hund eine Reaktion zeigt? Sicher können Sie sich jetzt schon eine vage Vorstellung davon machen, welchen Eindruck dieses Verhalten bei Ihrem Hund hinterlassen hat. Ändern Sie dies sofort. Geben Sie nur dann Hörzeichen, wenn Sie sich ganz sicher sind, diese auch durchsetzen zu können. Haben Sie keine Zeit, keine Lust oder ist es Ihnen gerade peinlich, den Hund zu korrigieren, so verlangen Sie erst gar nichts von ihm. Er lernt sonst lediglich, daß er das, was Sie da so von sich geben, getrost vergessen kann.

Ein Beispiel: Sie gehen zum Bäcker und binden Ihren Hund vor dem Laden an. Wenn Sie jetzt **SITZ** oder **PLATZ** befehlen, müssen Sie theoretisch jedesmal, wenn der Hund diese Position verläßt, hinausstürzen und ihn entsprechend korrigieren. Schließlich soll er ja lernen, daß er diese Hörzeichen nicht nach eigenem Gutdünken aufheben kann.

Wenn Sie die Nerven und die Zeit mitbringen, jedesmal den Laden zu verlassen und Ihren Hund zu korrigieren, um so besser. Ist dies jedoch nicht der Fall – vielleicht sehen Sie Ihren Hund ja auch gar nicht vom Laden aus –, dann geben Sie ihm lieber erst gar kein Kommando.

Gehorchen als Gewohnheit

Gehorchen kann auch zur Gewohnheit werden, wenn etwas nur oft genug verlangt wird. Ein Hund, der einmal in der Woche **SITZ** oder **PLATZ** befolgen soll, wird es sich jedes-

Belohnungsspiel als positive Verstärkung.

mal überlegen, ob er folgt oder nicht. Ein Hund, der ein Hörzeichen zehnmal am Tag befolgt, reagiert bald automatisch, ohne darüber nachzudenken.

STIMMUNGSÜBERTRAGUNG

Hunde sind sehr gute Beobachter und reagieren sehr stark auf Stimmungen. Sicher haben Sie schon erlebt (oder werden es erleben), daß Ihr Hund Sie „trösten" kommt, wenn Sie in

gedrückter oder trauriger Stimmung sind. Dieses „Mitfühlen"
kann man sich in der Erziehung zunutze machen.
Versuchen Sie, in Ihrem Lob und Ihrer Korrektur deutlich zu
sein. Insbesondere beim Lob können Sie mit richtig angewandter Stimmungsübertragung sehr viel erreichen.
Versuchen Sie einmal folgendes: Rufen Sie Ihren Hund mit
sehr hoher und freudiger Stimme : „Ja, komm, ja, ja, ja, ja, wo
ist er denn, ja, komm, ja, ja, ja." Alles so hoch und exaltiert wie
möglich, eventuell mehrmals hintereinander.
Zugegebenermaßen sieht es geschrieben reichlich albern aus
und hört sich auch genauso ungewohnt an. Richtig angewandt, werden Sie bei vielen Hunden einen durchschlagenden
Erfolg erzielen: Wo so viel Spaß ist, will er auch hin, nämlich
zu Ihnen. Eine entsprechend freudige Begrüßung Ihrerseits
darf dann natürlich nicht fehlen!

DAS LOB

So loben Sie richtig

Gelobt wird immer direkt im Anschluß an eine erfolgreich
absolvierte Übung. Also sofort, wenn der Hund beispielsweise
das von Ihnen verlangte **PLATZ** durchgeführt hat. Ein Lob,
das zu spät erfolgt, z.B. wenn bereits einige Sekunden verstrichen sind, wird von dem Hund nicht mehr mit der Übung in
Verbindung gebracht.
Auch beim Loben ist es wichtig, die Stimme entsprechend einzusetzen. Mit einem „So war's brav" in Ihrer Alltagstonlage ist
es nicht getan. Dem Hund muß über Ihre Stimme vermittelt
werden, daß das, was er da gerade geleistet hat, etwas ganz
Phantastisches war und in Ihnen hellste Begeisterungsstürme
hervorruft. Stellen Sie sich vor, Sie loben Ihren Hund beim
Spazierengehen, und Passanten werfen Ihnen ungläubige
Blicke zu. Dann sind Sie auf dem richtigen Weg. Den oben
bereits erwähnten Roman dürfen Sie dem Hund beim Loben
erzählen.
Ihr Hund soll lernen, erwünschtes Verhalten von unerwünschtem zu unterscheiden. Dies erreichen Sie, wenn
Sie Ihre Stimme richtig einsetzen und dem Hund Ihre Freude
darüber vermitteln, daß er sich richtig verhalten hat.

> **TIP**
> Hunde begreifen einfache Übungen wie SITZ, PLATZ und KOMM sehr schnell. Das heißt aber nicht, daß sie diese Hörzeichen auch prompt oder gar zuverlässig ausführen. Hier hilft nur eines: Üben und nochmals üben. Optimal sind täglich dreimal zehn Minuten mit anschließendem Belohnungsspiel. Das absolute Minimum ist einmal täglich plus Belohnungsspiel! Trainieren Sie weniger häufig, werden Sie auch weniger Erfolg haben! Regelmäßiges Üben ist auch nach Ende der Basisausbildung erforderlich, um das Gelernte aufrechtzuerhalten!

Seien Sie nicht frustriert, wenn Ihr Hund in den ersten Tagen des Trainings kaum bis gar nicht auf Ihr Loben reagiert. Die Trainingssituation ist neu für ihn und aufregend. Bleiben Sie am Ball, und Sie werden nach kurzer Zeit feststellen, daß Ihr Hund sich über Ihr freudiges Lob sehr freut und eine intensivere Bindung zu Ihnen entwickelt.
Am Anfang der Hundeerziehung fällt es jedem Menschen schwer, die Stimme richtig einzusetzen. Der ständige Wechsel zwischen freudigem Lob und ernster Korrektur muß geübt werden.

LECKERCHEN

Warum Leckerchen?

Viele Leute halten Belohnungshäppchen bzw. Leckerchen in der Hundeerziehung für ein Zeichen der Schwäche oder gar Unfähigkeit des Besitzers. Natürlich kann man einen Hund auch ohne Leckerchen erziehen, sogar ohne Lob. Doch dies ist nur mit sehr viel Härte, Druck und Zwang möglich und ergibt mit Sicherheit keinen Hund, der Spaß an der Erziehung hat. Außerdem wird der erzwungene Gehorsam nie so zuverlässig wie ein Gehorsam, der auf positivem Lernen fußt.

Wie lange geben?

Gerade in der Welpenerziehung gibt es neben dem Spiel nichts Besseres als Loben und Leckerchen. Loben müssen Sie für jedes befolgte Hörzeichen. Ein Belohnungshäppchen gibt es nur zu Beginn (die ersten paar Tage) der Erziehung für **SITZ** und **PLATZ**. Für das Kommen auf Ruf gibt es bis etwa zum 9. Monat immer ein Leckerchen (oder bei der Korrekturerziehung des erwachsenen Hundes während der ersten Monate der Erziehung!).

Welche Leckerchen sind geeignet?

Verwenden Sie als Belohnungshäppchen am besten das Trockenfutter, das Ihr Hund sowieso bekommt. Arbeiten Sie richtig mit Belohnungshäppchen, dann müssen Sie diese tägliche Portion von der Tagesration abziehen, sonst wird Ihr Hund zu dick. Natürlich ist Ihr Vierbeiner motivierter, wenn er noch Appetit hat. Üben Sie also nicht ausgerechnet dann, wenn er gerade gefressen hat.

> **TIP**
> Arbeiten Sie richtig mit Leckerchen und üben Sie täglich mehrmals in kleinen Lektionen von einigen Minuten, betragen die Belohnungshäppchen insgesamt sicherlich ein Viertel bis die Hälfte der täglichen Futterration.

Für Sitz und Platz gibt es nur zu Beginn ein Leckerchen.

Unter Umständen können Sie die Motivation des Hundes erhöhen, wenn Sie die Futteration in Maßen kürzen.
Bei Hunden, die von Ihren Besitzern keine Leckerchen annehmen, ist dies zu Beginn der Erziehung das Mittel der Wahl! Es lohnt sich auch, das Angebot der Leckerchen variabel zu gestalten: Auch klein gewürfelter Käse oder Fleischwurst und Trockenfisch (besonders für nordische Rassen) sind eine attraktive Belohnung für Ihren Vierbeiner.
Neben den Leckerchen ist Spielen eines der wichtigsten „Erziehungshilfsmittel". „Warum" und „wie" es funktioniert, lesen Sie in den entsprechenden Kapiteln.

VERSTÄRKUNG IM RICHTIGEN MOMENT

Timing ist alles

Von der Wahl des richtigen Zeitpunktes für Lob und Korrektur hängt sehr viel ab. Hunde können nur Dinge, die zeitgleich oder fast gleichzeitig passieren, miteinander in Verbindung bringen bzw. verknüpfen. „Fast gleichzeitig" bedeutet in der Hundewelt zwei bis maximal drei Sekunden! Was heißt das nun für die Erziehung?

Grundlagen der Erziehung

Wann loben? Angenommen, Sie möchten Ihrem Hund **SITZ** beibringen. Der optimale Zeitpunkt für das obligatorische Lob ist hier, wenn das Hinterteil des Hundes auf dem Boden ankommt. Dann ist der Hund in der Lage, seine Handlung mit Ihrem Lob zu verknüpfen.

Wann korrigieren? Stellen Sie sich vor, Ihr Hund stiehlt Kekse vom Tisch und verschwindet kauend um die Ecke. Erwischen Sie ihn in dem

Schlechtes Gewissen? Dieser Hund ist unsicher und nicht schuldbewußt.

Moment, in dem er seine Schnauze in die Keksdose steckt, können Sie ihn energisch tadeln (im konkreten Fall mit der Stimme, laut und ärgerlich, und wenn Sie schnell genug sind, ziehen Sie ihn am Halsband vom Tisch weg und nehmen ihm seine Beute weg). Wenn der Hund bereits kauend davonläuft, kommt Ihr Tadel zu spät, er würde ihn nur noch mit Fressen und Weglaufen verknüpfen, und was nützt das? Eine zu späte

Korrektur kann fatale Auswirkungen haben: Entweder gelangt Ihr Hund zu dem Schluß, daß Sie wirklich ein bißchen seltsam sind (und damit kein fähiges „Leittier"), oder schlimmstenfalls, daß Ihnen nicht zu trauen ist.

„Schlechtes Gewissen"

Hunde kennen kein schlechtes Gewissen: Angenommen, Sie erwischen Ihren Hund in der oben geschilderten Situation kauend unter dem Tisch. Sie schimpfen ihn tüchtig aus, und

Typische Beschwichtigungsgeste.

Ihr Hund legt die Ohren an, kauert sich zusammen oder nähert sich Ihnen fast auf dem Bauch kriechend. Das bedeutet keineswegs, daß er nun ein „schlechtes Gewissen" hat, sondern lediglich, daß er Sie beschwichtigen möchte und deshalb eine Demutshaltung zeigt. Er hat *nicht* verstanden, warum Sie so ärgerlich sind (Ihr Tadel kommt zu spät!), sondern reagiert nur auf Ihre Empörung.

TIP

„Eine zusammengerollte Zeitung kann ein nützliches Hilfsmittel sein, wenn man sie richtig anwendet. Benutzen Sie beispielsweise die Zeitung, wenn der Hund etwas anknabbert oder gerade ein Bächlein macht. Benutzen Sie sie nur, wenn Sie nicht zum richtigen Zeitpunkt eingreifen konnten, weil Sie nicht aufgepaßt haben. Nehmen Sie die Zeitung, schlagen Sie sich selbst sechsmal gegen den Kopf, und wiederholen Sie dabei den Satz: „Ich habe vergessen, auf meinen Hund aufzupassen." Wenden Sie diese Technik immer wieder an. Nach einigen Korrekturen werden Sie soweit konditioniert sein, daß Sie Ihren Hund im Auge behalten! Die Zeitungsrolle sollte einzig und allein zu diesem Zweck verwendet werden. Sobald Ihr Hund über Sie lacht, loben Sie ihn."
(aus John Ross & Barbara McKinney *„Hunde verstehen und richtig erziehen!"*)
Dem ist eigentlich nichts hinzuzufügen: Eine andere Verwendung für eine Zeitungsrolle gibt es in der Hundeerziehung nicht!

Grundlagen der Erziehung

Timing kann man üben

Richtiges Timing ist nicht leicht, aber mit etwas Mühe sehr wohl zu erlernen. Hier ein durchaus ernst gemeinter Vorschlag: Sie bitten eine andere Person (z.B. ein Familienmitglied), Hund zu spielen, damit Sie sowohl Ihren Stimmeinsatz als auch das richtige Timing üben können. Dies hat den Vorteil, daß Sie Ihren Hund nicht verwirren (lassen Sie ihn nicht zusehen, er soll nicht das Gefühl bekommen, daß Hörzeichen ihn nichts angehen!), und Ihr Übungspartner kann Ihnen Rückmeldung geben, wie es bei ihm ankommt.

Die Bedeutung des richtigen Timings bezieht sich auf *alle* Interaktionen mit dem Hund. Sie müssen also lernen, schnell zu reagieren!

Zuwendung im Alltag

Sehr hilfreich ist es, sich einmal einen ganzen Tag lang zu kontrollieren: Wann, wie oft und warum schenken Sie Ihrem Hund Zuwendung? Oftmals geschieht dies, wenn der Hund dazu auffordert (Manipulationsverhalten) oder aber einfach so. Einfach so bekommt der Hund Leckerchen, einfach so wird er gestreichelt und erhält Aufmerksamkeit.

Auf diesem Weg bringt man seinem Hund systematisch aufmerksamkeitsheischendes Verhalten bei, außerdem erschwert es die Erziehungslage ungemein. Ein Hund, der alles, was er

Eindeutige Hörzeichen – keine Vorträge.

braucht, einfach so erhält, hat keinerlei Veranlassung, sich innerhalb der Erziehung für Lob, Leckerchen, Spiel usw. anzustrengen.

Dies bedeutet, daß der Hund optimalerweise nur etwas für Leistung bzw. konstruktives Verhalten bekommen sollte. So sind Sie auf dem richtigen Weg zur Verstärkung im richtigen Moment. Verstärkung im falschen Moment hingegen ist fatal. Jede unserer unbedachten Zuwendungen belohnt den Hund für genau das Verhalten, welches er im entsprechenden Moment zeigt. Wenn dies einmal vorkommt, kein Problem. Ist es jedoch die Regel, ist ein Erziehungserfolg unwahrscheinlich.

Grundlagen der Hundeerziehung

- Stimme richtig einsetzen.
- Hörzeichen nur einmal geben (Ausnahme: KOMM!).
- Einfache Hörzeichen verwenden.
- Nur das verlangen, was unmittelbar durchgesetzt werden kann.
- Verstärkung im richtigen Moment, d. h. sofort loben oder korrigieren.
- Leckerchen einsetzen.
- Timing üben.

Auf einen Blick

ERZIEHUNGSHILFSMITTEL

Leinen und Halsbänder

Die Wahl der Leine und des Halsbandes bleibt natürlich völlig Ihrem Geschmack (und Geldbeutel) überlassen. Wir möchten hier lediglich auf tierschutzrelevante Aspekte, sinnvolle und wenig sinnvolle Hilfsmittel hinweisen.

Tragekomfort

Das Halsband sollte nicht zu dünn und angenehm zu tragen sein.

Stachelhalsband

Unter den Begriffen Stachelhalsband, Korallenhalsband oder Schüttel-Ruck-Halsband versteht man ein Halsband mit gegen den Hals des Hundes gerichteten Stacheln. Dieses Halsband piekst natürlich beim Zug durch Hund oder Mensch empfindlich in den Hals des Hundes. Auch wenn man den Hals des Hundes nicht mit dem eigenen vergleichen kann, entsteht hier doch ein nicht zu vertretender Schmerz.

Grundlagen der Erziehung

Gentle-Dog

Ein ebenfalls wenig tierschutzgerechtes Hilfsmittel ist das sogenannte Gentle-Dog. Hier führen vom Halsband aus lange, dünne Nylonriemen unter den Achseln des Hundes hindurch. An diesen wird die Leine befestigt, so daß bei jedem Zug die Schnüre unter den wenig behaarten Achseln des Hundes reiben. Dies verursacht oft neben den unvermeidlichen Schmerzen wunde und offene Stellen.

Schleppleine

Die Anschaffung einer Schleppleine empfiehlt sich dringend. Eine Schleppleine ist eine dünne 5 bis 10 m lange Schnur, Durchmesser 6 bis 10 mm, je nach Größe des Hundes (S.86).

Flexileine

Eine Flexileine sollten Sie nicht benutzen, da der Hund hier sozusagen automatisch lernt, daß Ziehen Erfolg hat!

Kopfhalfter oder Halti

Das Kopfhalfter für Hunde ist vergleichbar mit einem Pferdehalfter. Es ist ein ausgezeichnetes Erziehungshilfsmittel für Hunde, die stark an der Leine ziehen. Aber auch unsicheren Hunden kann das Kopfhalfter durch die direkte Verbindung zum Besitzer zu mehr Selbstsicherheit verhelfen. Ebenso ist es bei ungünstigen Mensch-Hund-Kräfteverhältnissen das Mittel der Wahl. Wie Sie Ihren Hund daran gewöhnen, lesen Sie ab Seite 133.

Wurfkette

Bei der Wurfkette handelt es sich um eine kleine (ca. 20 cm lange) Kette, die wunderbar rasselt. Der Einsatz wird ab Seite 99 genau beschrieben.

Hundepfeife

Wenn Sie möchten, können Sie natürlich eine Hundepfeife benutzen. Auf jeden Fall aber, wenn Sie sehr unsicher sind oder wenn Ihre Stimme zu leise ist.
Nehmen Sie keine lautlose Pfeife, weil Sie sich sonst nie sicher sind, ob Ihr Hund den Pfiff wirklich nicht gehört hat oder ihn einfach mißachtet.
Praktisch sind Hundepfeifen mit zweifachem Pfiff: glatter Pfiff und Triller. Wenn Sie fleißig üben, können Sie Ihrem Hund beibringen, auf den glatten Pfiff hin zu kommen und sich auf den Triller hin hinzulegen.

Disk-Scheiben

Disk-Scheiben sind kleine Metallscheiben, die ebenfalls klappern. Konditionierung und Handhabung unterscheiden sich

allerdings erheblich vom Wurfkettentraining und sollten entgegen der Werbeversprechungen unter entsprechender fachlicher Anleitung erfolgen. Die Gefahr von Fehlschlägen oder starker Verunsicherung des Hundes ist sonst zu groß.

Master-Plus-System

Das Master-Plus-System besteht aus einem Halsband mit einem kleinen Kästchen, in das ein Wasser-Wasserstoff-Gemisch gefüllt wird. Mit einem Funkauslöser kann über eine Distanz von max. 50 m ein kurzer Sprühstoß ausgelöst werden, der gegen den Kopf des Hundes gerichtet ist. Der Schreckeffekt ist bei den meisten Hunden enorm. Das Master-Plus sollte ausschließlich als letztes Mittel vor dem Gebrauch von Stromstrafgeräten benutzt werden. Auch hier gilt: nur zusammen mit fachlich kompetenter Hilfe! Adressen von sorgfältig arbeitenden Hundeerziehern bekommen Sie von uns!

Elektrische Hilfsmittel Teletakt & Co.

Leider häuft sich der Gebrauch von Stromgeräten in der Hundeerziehung. Selbst immer mehr „Hundekenner" und „Hundesportler" bedienen sich des vermeintlich einfacheren und schnelleren Weges über Stromstrafreize.
Die hierzu benötigten Geräte sind in Deutschland nicht verboten und können problemlos im einschlägigen Handel gekauft werden.
Dies soll nun keine Abhandlung oder gar Anleitung für den Gebrauch des Teletakt werden. Wir möchten ausdrücklich vor

Gut erzogene Hunde genießen mehr Freiheit.

den Gefahren warnen und jedem Laien von der Benutzung abraten. Die Gefahr, daß der Hund im besten Fall „nur" falsch verknüpft, also das Erziehungsziel nicht erreicht wird, ist immens. Wesentlich größer noch ist die Gefahr, daß der Hund bei falsch angewandten Stromstrafreizen einen regelrechten Nervenzusammenbruch erleidet, von dem er sich oft nur teil-

Je früher Sie mit der Erziehung beginnen, desto besser.

weise oder gar nicht erholt.
Der einzige Grund, um ein Teletaktgerät anzuwenden, ist folgender: Der Hund hat bereits mehrfach Beutebestätigung beim Wildern erfahren, d. h., er hat Wild (oder Haustiere) gerissen, und alle anderen Erziehungsmethoden sind sorgfältig und gewissenhaft über mehrere Monate hinweg leider erfolglos angewandt worden, um das Wildern in den Griff zu bekommen.
Alle Erziehungsmethoden bedeutet nicht der Erziehungskurs im Hundeverein! Alle Erziehungsmethoden heißt nicht, der Gruppenunterricht mit Kreislaufen und **SITZ** und **PLATZ** in einer Hundeschule. Alle Erziehungsmethoden bedeutet: eine sorgfältige, nach neuesten Erkenntnissen der Verhaltens-

forschung aufgebaute Gegenkonditionierung mit modernen und in der Praxis erprobten Hilfsmitteln (wie Clicker, Disk etc., Command Performance etc.), die auf die individuellen Eigenschaften des Hundes Rücksicht nimmt.

Erst wenn all dies versagt hat, können wir bei wesensfesten, stabilen Hunden das Teletakt befürworten.

Dies ist aber keine Entscheidung, die der Hundebesitzer selbst oder irgendein Hundesportler treffen sollte, sondern nur der Fachmann. Denn die Arbeit mit dem Teletakt birgt Gefahren für den Hund und sollte nur unter fachlicher Anleitung erfolgen. Adressen von sorgfältig arbeitenden Hundeerziehern bekommen Sie von uns!

Auf einen Blick

Sinnvolle Erziehungshilfsmittel
- Breites Halsband
- Schleppleine
- Wurfkette
- Kopfhalfter
- Hundepfeife

Nur unter fachlicher Anleitung
- Disk-Training
- Master-Plus
- Stromreizgeräte (in absoluten Ausnahmefällen)

Auf keinen Fall einsetzen
- Stachelhalsband
- Gentle-Dog

ERNÄHRUNG UND ERZIEHUNG

Kein Futter zur freien Verfügung

Ein weitverbreiteter Fehler in der Hundeernährung ist, Futter den ganzen Tag über zur freien Verfügung stehen zu lassen. Viele Hundebesitzer, besonders Ersthundhalter, sind unsicher und befürchten, der Hund könne sonst womöglich abmagern.

Übergewicht ist ungesund

Diese Art der Fütterung hat jedoch gravierende Nachteile. Erstens werden so gut wie alle Hunde auf diesem Weg dick oder doch zumindest übergewichtig, womit gerade bei Welpen und Junghunden keineswegs zu spaßen ist. Die Mär, daß ein Welpe rundlich sein sollte und durchaus etwas Speck auf den Rippen haben darf, stammt aus grauer kynologischer Vorzeit. Heute steht gerade die Überversorgung mit Futter im Verdacht, der Hüftgelenksdysplasie und anderen Gelenk-

Grundlagen der Erziehung

In der Wachstumsphase besonders wichtig: Ernährungskontrolle.

erkrankungen Vorschub zu leisten. Deshalb lautet die Devise: Schlank soll er sein, der Welpe genauso wie der junge und der erwachsene Hund. Gerade bei großwüchsigen Hunderassen ist eine Überversorgung oft fatal. Der Hund wächst schneller, als er sollte, Knochenprobleme sind vorprogrammiert.

Leckerchen sollen aktraktiv bleiben

Durch diese unkontrollierte Fütterung wird außerdem die Erziehung über Futtermotivation erschwert. Welchen Grund sollte der Hund haben, sich für ein Leckerchen anzustrengen, wenn der Napf in der Küche immer gut gefüllt ist?

Verfressene Hunde sind leichter zu erziehen

Viele unserer Kunden beklagen sich jedoch darüber, daß Ihr Hund so verfressen ist. Wir freuen uns immer, wenn wir diese „Klage" hören, da dies die Erziehung in vielen wichtigen Punkten erleichtert. Kontrollierte Fütterung ist natürlich auch bei solchen Hunden besonders wichtig.

Ernährung und Erziehung

Schlechte Fresser kurieren

Die kontrollierte Fütterung ist auch ein gutes Mittel, mäkelige Esser unter den Vierbeinern in den Griff zu bekommen. Der Welpe sollte dreimal, der erwachsene Hund zweimal täglich gefüttert werden. Alles, was im Napf zurückbleibt, wird sofort wortlos weggenommen. Machen Sie nicht den Fehler, sich neben den Hund zu stellen und ihn zum Fressen überreden zu wollen, wenn der Hund mäkeln sollte. Sonst sind Sie auf dem besten Weg, den Hund zu einem schlechten Fresser zu erziehen, der dieses nicht mag, jenes nicht will usw.

Ihr gutgemeintes „Nun nimm doch, du mußt doch essen" bedeutet für den Hund in allererster Linie Zuwendung, und wenn Sie Pech haben, verknüpft er: „Freß ich langsam, ist mein Mensch besonders nett zu mir."

Der sinnvollere Weg ist, schlechtes oder zögerliches Fressen völlig zu ignorieren. Auch wenn sich diese Angewohnheit bei dem Hund bereits gefestigt hat, ist diese Strategie hilfreich. Am besten halten Sie sich noch nicht einmal in der Nähe des Hundes auf, wenn er gelangweilt in seinem Futter rumstochert. Sobald er sich vom Napf entfernt, nehmen Sie die Futterschüssel schweigend weg. Bei der nächsten Mahlzeit wird der Appetit mit sehr hoher Wahrscheinlichkeit schon etwas größer

Kein Futter zur freien Verfügung.

sein, bei der darauffolgenden noch etwas mehr usw. Intensive Zuwendung am falschen Ort und zum falschen Moment jedoch sind häufig der Grund für Erziehungs- und Verhaltensprobleme beim Hund.

Sie brauchen keine Angst zu haben, Ihr Hund könne verhungern, wenn Sie ihm einige Male den nicht völlig geleerten Napf wegnehmen. Ein Hund, der dreimal am Tag Futter hingestellt bekommt, verhungert nicht. Die Art und Weise, wie wir unsere Hunde ernähren können, ist purer Luxus – die Art und Weise, wie viele Hunde sich am Futternapf verhalten, auch.

Dies gilt natürlich für gesunde, muntere Hunde. Hat Ihr Hund ein glänzendes Fell, tobt herum und ist auch sonst immer munter, müssen Sie sich keine Gedanken machen, wenn er einmal (oder öfter) schlecht frißt. Der Grund liegt nur darin, daß Sie zuviel füttern! Macht der Hund jedoch einen matten, kranken Eindruck, dann müssen Sie sofort zum Tierarzt gehen!

Wieviel füttern?

Die Mengenangaben der Futtermittelhersteller sind oftmals sehr hoch gegriffen und stellen lediglich Durchschnittswerte dar.

Ein kleines Beispiel: Unsere drei Hunde erhalten alle das gleiche Futter desselben Herstellers. Das Gewicht der drei ist fast identisch, die tägliche Belastung durch Spaziergänge und Agilitytraining auch. Wir achten streng darauf, daß unsere Hunde schlank sind. Während der Border Collie in etwa die vom Hersteller angegebene Menge erhält, darf der Australian Shepherd nur die Hälfte davon bekommen, da er ansonsten fett wird wie eine Kugel. Der dritte Hund, ein äußerst zierlicher Dobermannrüde hingegen, bekommt am Tag mehr als die doppelte Ration des Border Collies, also die vierfache Portion des Australian Shepherds. Damit hält er gerade so sein Gewicht, mit weniger Futter magert er sofort ab.

Der berühmte Ausspruch „Mein Hund bekommt aber nur so viel, wie auf der Packung steht" ist angesichts eines übergewichtigen Hundes völlig irrelevant. Nicht die Packungsangabe sollte ausschlaggebend sein, sondern das Aussehen des Hundes. Müssen Sie sich erst durch eine Speckschicht bohren, bevor Sie an die Rippen des Hundes stoßen, so ist das Tier schlicht und ergreifend zu dick, und auch die Taille des

Hundes sollte erkennbar sein. Ein übergewichtiger Hund oder Welpe hat eine geringere Lebenserwartung, Krankheiten sind vorprogrammiert, die Bewegungsfreude ist eingeschränkt. Mit einem Zuviel an Futter tut man dem Tier also in keinem Fall einen Gefallen.

Ernährung im Überfluß erschwert die Erziehung und ist gesundheitsschädlich.

Dies kann nur der kontrolliert ernährte Hund leisten.

PRAKTISCHE HUNDEERZIEHUNG

▸ 48 UMWELT-
SOZIALISATION

▸ 56 DER WELPE UND SEIN
SOZIALES UMFELD

▸ 67 STUBENREINHEIT

▸ 70 ALLEINBLEIBEN

▸ 72 KOMMEN AUF ZURUF

▸ 86 SCHLEPPLEINEN-
TRAINING

▸ 99 DIE WURFKETTE

▸ 105 SITZ

▸ 113 PLATZ

▸ 127 LEINENFÜHRIGKEIT

▸ 133 KOPFHALFTER-
TRAINING

▸ 139 AUS

▸ 144 ÜBUNGEN FÜR
FORTGESCHRITTENE

▸ 153 FUSS-TRAINING

ENTWICKLUNGSPHASEN DES HUNDES UND IHRE BEDEUTUNG

Rassespezifische Unterschiede

Das Leben eines jeden Hundes ist in verschiedene Entwicklungsphasen gegliedert, in denen der Vierbeiner Entscheidendes für sein späteres Leben lernt. In der Kynologie (Lehre vom Hund) spricht man u.a. von Prägung (dieser Begriff geht auf Konrad Lorenz zurück), sensiblen Phasen, Sozialisierung, Verselbständigungsphasen etc. Über die genaue Terminologie herrscht bei den Wissenschaftlern nicht immer Einklang. Darüber hinaus läßt sich eine zeitlich zu stringente Einteilung in Entwicklungsphasen durch die Untersuchungen der letzten Jahre nicht mehr halten: So wird z.B. für die „Phase der Zuwendung zur Außenwelt" für den Golden Retriever der Zeitraum vom 28. Tag bis zur 9. Woche genannt, für den Labrador vom 35. Tag bis zur 9. Woche. Beim Siberian Husky setzt diese Phase gar schon mit dem 17. Lebenstag ein (Feddersen-Petersen).

Einmal abgesehen davon, daß der Übergang von einer Phase in die nächste fließend ist, zeigt das o. a. Beispiel, daß rassespezifische Unterschiede bei der Entwicklung eines Hundes von großer Bedeutung sind.

Die wichtigste Phase seines Lebens.

Entwicklungsphasen des Hundes und ihre Bedeutung

Erziehungs-relevante Aspekte

Wir beschränken uns im folgenden darauf, die Aspekte zu beschreiben, die für den Hundehalter in bezug auf die Erziehung und Umweltsicherheit seines neuen Hausgenossen wichtig sind.

Prägungs-ähnliches Lernen

Der frischgebackene Hundebesitzer erhält seinen Welpen in einem Alter von 8 bis 10 Wochen in einer äußerst sensiblen Phase: Die Art und Weise der sozialen Kontakte, sowohl zu Artgenossen als auch zum Menschen, das gezielte Heranführen an Umweltreize wie z.B. Verkehr, Innenstädte, Jogger, Briefträger etc. entscheiden in ganz bedeutendem Maße mit darüber, ob der erwachsene Hund diese „Dinge" später als Störfaktoren seiner Umwelt betrachtet, die es zu beseitigen oder zu meiden gilt.

Das Lernen in dieser Entwicklungsphase ist sehr treffend als „prägungsähnliches Lernen" bezeichnet worden. Wiederum ist eine genaue zeitliche Einteilung problematisch, da diese rassespezifisch und individuell von Hund zu Hund stark abweichen kann. Grob kann jedoch davon gesprochen werden, daß es sich hier um einen zeitlichen Rahmen bis etwa zur 14. bzw. 20. Lebenswoche handelt.

Umwelt-sozialisation ist wichtig

Wichtiger als die genaue Benennung von Wochenzahlen sind für den Welpenbesitzer jedoch die Konsequenzen, die sich hieraus ableiten lassen: Gezielte positive Begegnungen mit Mensch, Tier und Umwelt (siehe Seite 48) sollten nun oberste Priorität haben. Gleichzeitig sollte die noch stark ausgeprägte Folgebereitschaft des Welpen optimal ausgenutzt werden, um den Grundstein für das „Kommen auf Zuruf" (siehe Seite 72) zu legen. Mit Abschluß der beschriebenen sensiblen Phase setzt beim Junghund eine Phase der relativen Verselbständigung ein. Viele Hundebesitzer beobachten, daß sich der Junghund nun u.U. nicht mehr so leicht lenken läßt wie bisher.

Bindungsaspekt	In dieser Phase ist es wichtig, daß die Bindung an den Besitzer vertieft wird. Der Wechsel von Bezugspersonen (z.B. die stundenweise Unterbringung bei Bekannten, Verwandten oder Freunden) soll unterbleiben. Zur Vertiefung der Bindung ist eine „konkrete Fortsetzung der angebahnten Erziehung" (Weidt/Berlowitz 1998) von großer Bedeutung.

Pubertät	Mit ca. 6 bis 9 Monaten (je nach Rasse und Individuum!) steht der Hund an der Schwelle zur Pubertät. Allerspätestens jetzt ist eine konsequente Einteilung des häuslichen Bereichs in Tabuzonen von allergrößter Bedeutung, falls dies bislang unterblieben ist. Ein immer wieder zu hörender Vorwurf an Vereine und Hundeschulen, die Prägespieltage anbieten, besteht darin, die Welpen würden dort stark und selbstbewußt gemacht und die Junghundebesitzer anschließend mit ihren pubertierenden Vierbeinern sich selbst überlassen. Tatsächlich ist die Pubertät eine äußerst wichtige Entwicklungsphase, in der sich der Mensch dem Hund gegenüber in der Regel keine Inkonsequenz leisten kann. Selbst bei einem Hund, der bis dato ganz gut gehorcht hat, können nun plötzlich für eine gewisse Zeit bestimmte Erziehungsübungen nötig sein, z.B. Schleppleinentraining. Dadurch vermeidet man, daß er die Erfahrung macht, er könne seine Zweibeiner ignorieren. Gerade regelmäßige Besucher von Spieltagen mit integrierter Früherziehung sind häufig begeistert über die schnellen Fortschritte und Erfolge, die sie mit ihrem Welpen bei entsprechend positiver Verstärkung gewünschter Verhaltensweisen machen. Nicht selten ist die Begeisterung über den Hund nun so groß, daß man es mit dem „Verwöhnaroma"

übertreibt und dem Hund zu viele soziale Privilegien zugesteht. Bei einem Junghund an der Schwelle zur oder in der Pubertät kann sich dies fatal auswirken und sämtliche

Wichtig: regelmäßiges Spiel mit Artgenossen.

Früherziehungsbemühungen zunichte machen. Erziehung in der Pubertät ist nicht weniger wichtig als Erziehung in der sogenannten „ersten sensiblen Phase". Nachlassende Konsequenz bestraft der pubertierende Hund ganz besonders. Sinnvolle, vom Menschen initiierte Beschäftigung (Spiel) mit dem Hund nach dem Prinzip des „Agierens statt Reagierens" (Bloch 1997) ist ebenfalls eine große Hilfe beim Umgang mit dem Hund in der Phase der sozialen Reife. Ebenso kann nun der zeitweise Einsatz von Hilfsmitteln in der Hundeerziehung, z.B. Wurfkette oder Disk-Scheiben, nötig sein. Bei vielen Hunden ist nun regelmäßiges Gehorsamstraining unter möglichst steigender Ablenkung bzw. mit steigendem Schwierigkeitsgrad erforderlich.

Je nach Rasse und Individuum ist die Phase der Pubertät unterschiedlich lang. Ein kleinrassiger Hund, wie z.B. der Westhighland-Terrier, ist wesentlich früher erwachsen als großwüchsige Hunde, wie z.B. die deutsche Dogge.

UMWELTSOZIALISATION

Die ersten Lebensmonate

Ihr Hund ist nie wieder so neugierig und „mutig" wie im Welpenalter. Ihr Hund wird fremden Reizen und Situationen nie wieder so offen und unbefangen gegenübertreten wie in seinen ersten Lebensmonaten. Was der Welpe in diesem Alter kennenlernt, ist für ihn normal und ungefährlich! Verpassen Sie diese wichtige Phase und ziehen Ihren Welpen z.B. ausschließlich in einer ruhigen Wohngegend mit Spaziergängen in Wald und Flur groß, kann es sein, daß er als erwachsener oder halberwachsener Hund in jeder fremden Situation mit Aggression oder Angst, bis hin zur Panik reagiert. Je früher mit der Umweltsozialisation begonnen wird, desto leichter und streßfreier verkraftet der Welpe neue und ungewohnte Situationen.

Suchen Sie mit Ihrem Welpen möglichst viele fremde Orte auf.

Umweltsozialisation

Was muß der Hund lernen?

„Mein Hund muß aber nie mit in die Stadt!" Solche Einwände sind öfter zu hören. Viele Welpenbesitzer sind bei einigen der genannten Punkte oft der Meinung, daß ihr Hund nie in diese Situation kommen wird, weil sie z.B. nie Zug fahren oder den Hund nie mit in eine Großstadt nehmen werden. Das können Sie aber mit den besten Vorsätzen nicht garantieren! Als Welpenbesitzer tragen Sie die Verantwortung für die sensibelste Phase im Leben eines Hundes und müssen ihn an alle nur erdenklichen Situationen gewöhnen. Ihre Lebensumstände können sich ändern, und möglicherweise muß der Hund sogar irgendwann einmal den Besitzer wechseln. Was ist, wenn er von Ihrem idyllischen Dorf in eine Großstadt wechseln muß? Jetzt muß er Bahn, Bus, Straßenbahn und Großstadtverkehr ertragen. Ein Hund, der dann in Panik verfällt, landet schnell im Tierheim!

Nicht überfordern!

Bei aller Notwendigkeit der Umweltsozialisation sollte der Welpe natürlich nicht überfordert werden. Kurze Gewöhnungszeiten von etwa fünfzehn bis zwanzig Minuten sind in der Regel ausreichend. Der Welpe sollte nicht gestreßt werden, sondern behutsam immer wieder verschiedenen Situationen ausgesetzt werden. Keinesfalls dürfen mehrere Situationen hintereinander geübt werden, damit der Welpe nicht reizüberflutet wird.

Ruhe und Gelassenheit ausstrahlen

Der Welpe sollte nicht auf ungewöhnliche Umstände etc. aufmerksam gemacht werden, z.B. „Schau, da kommt ein Jogger, ja, guck mal!". Vermitteln Sie Ihrem Hund nicht, daß jetzt etwas Ungewöhnliches passiert, sondern versuchen Sie, möglichst viel Ruhe und Gelassenheit auszustrahlen. Stimmungsübertragung ist hier ein wichtiges Hilfsmittel!

Gewöhnen Sie Ihren Hund schon im Welpenalter an Weidetiere. Verwenden Sie dabei keine Flexileine. Eine kurze Leine ist besser geeignet.

Praktische Hundeerziehung

Mit den folgenden Dingen bzw. Situationen sollten Sie Ihren Welpen in den nächsten Wochen möglichst oft konfrontieren. Achtung: In jeder neuen Situation muß der Hund angeleint sein, damit er nicht weglaufen kann, wenn er erschrickt!

WAS?	WIE?	WIE OFT?
Fremde Menschen	Ihr Welpe sollte möglichst viele fremde, freundliche Menschen unter Kontrolle des Besitzers kennenlernen. Die Familie und ein, zwei Nachbarn reichen bei weitem nicht aus! Wenn Sie keine eigenen oder bereits größere Kinder haben, achten Sie darauf, daß der Welpe auch Babys, Krabbel- und Kleinkinder kennenlernt sowie schreiende und rennende Kinder (am Kindergarten und Schulhof spazierengehen). Ermöglichen Sie mehrmals wöchentlich kurze Kontakte. Es ist übrigens völlig normal, daß ein Welpe jeden Menschen überschäumend begrüßt. Diese Begeisterung legt sich mit zunehmendem Alter und hat mit eineinhalb Jahren in der Regel ein normales Maß erreicht.	Mehrmals wöchentlich kurze Kontakte.
Körperliche Überlegenheit des Menschen	Die beste Möglichkeit, den Hund glauben zu lassen, der Mensch sei ihm körperlich überlegen, ist, die Welpenzeit zu nutzen. Drehen Sie Ihren Welpen mindestens alle zwei Tage sanft, aber bestimmt auf den Rücken. Er muß Ihnen seinen Bauch zeigen und wenigstens ein paar Sekunden ruhig liegenbleiben. Zappelt er herum und wehrt sich, halten Sie ihn ruhig, aber bestimmt fest, ohne „beruhigend" auf ihn einzureden. Wenn er nur drei Sekunden ruhig liegenbleibt, lassen Sie ihn mit einem kurzen Lob los.	Alle zwei Tage.
Jogger Radfahrer	Jeder Ansatz zum Hinterherspringen oder Anbellen sollte unterbunden werden, notfalls mit Schleppleine.	Mehrmals wöchentlich.
Tierarzt/ Tierärztin	Achten Sie darauf, daß die Tierarztbesuche möglichst positiv besetzt werden. Dies ist natürlich sehr schwiwig, da der Hund in der Regel eine Spritze bekommt oder sonstige unangenehme Behandlungen über sich ergehen lassen muß. Nehmen Sie besonders gute Leckerchen mit, um die Besuche erträglich zu machen. Lassen Sie sich auch wichtige Punkte der Körperkontrolle zeigen und wie man dem Welpen eine Tablette verabreicht.	Der erste Besuch sollte ein reiner Kontrollbesuch sein, verbunden mit Leckerchen, ohne Behandlung und ohne Spritze. Sprechen Sie dies mit Ihrem Tierarzt vorher entsprechend ab.
Körperkontrolle/ Pflege	Der Welpe muß sich überall anfassen lassen, auch an den Geschlechtsteilen und Augen (Unterlid leicht herunterziehen, lassen Sie es sich vom Tierarzt zeigen!). Üben Sie Zahn- und Pfotenkontrolle. Auch kurzhaarige Rassen sollten das Bürsten kennenlernen. Mittel- und langhaarige Rassen müssen intensiv daran gewöhnt werden, daß es auch einmal ziepen kann!	So oft und so lange, bis der Welpe alles akzeptiert.

Umweltsozialisation

WAS?	WIE?	WIE OFT?
	Rassen, die später getrimmt und/oder geschoren werden sollen, sollten jetzt einen mit positiven Erfahrungen besetzten Besuch im Hundesalon machen! Die Gewöhnung an das Geräusch der Schermaschine besonders im Kopfbereich sollte ebenfalls jetzt erfolgen. Egal, in welcher Jahreszeit Sie Ihren Welpen aufziehen, er muß lernen, sich die Pfoten waschen und abtrocknen zu lassen. Im Sommer sollten Sie ihn zusätzlich einmal baden (ohne Shampoo oder mit Hundeshampoo). Üben Sie so oft und so lange, bis Ihr Welpe alles akzeptiert.	
Briefträger/in	Machen Sie Ihren Hund mit dem Briefträger bekannt. Wenn möglich, sollte er dem Hund öfter einmal ein Leckerchen geben.	Zu Beginn täglich.
Hundebegegnungen	Viel Hundekontakt bedeutet, Hunde aller Altersstufen! Besonders wichtig ist der regelmäßige Kontakt zu gleichaltrigen Welpen und zu freundlichen und gut sozialisierten älteren Hunden. Der Besuch einer gut geführten Welpenspielgruppe ist unerläßlich! Drei oder vier Nachbarshunde reichen nicht aus! Bitte warten Sie mit dem Besuch einer guten Welpenspielgruppe nicht, bis der volle Impfschutz greift. Dies ist nämlich erst ca. ab der 14. Woche der Fall, und damit haben Sie die wichtigste Sozialisierungsphase verpaßt! Das Risiko einer Ansteckung trifft Sie dagegen auch bei Spaziergängen, und die Gefahr einer Verhaltensstörung bei fehlenden Hundekontakten ist sehr groß.	Täglich Hundekontakt, mindestens einmal wöchentlich Kontakt zu Gleichaltrigen. Regelmäßige – mindestens wöchentliche – Teilnahme an einer kontrollierten Welpenspielgruppe ist ein Muß!
Tiere	Folgende Tierarten soll Ihr Welpe kennenlernen und als normal hinnehmen: Katzen Kühe Pferde, Schafe, Ziegen etc. Kleine Haustiere wie Kaninchen, Meerschweinchen (eventuell bei Nachbarn besuchen!) Vögel (Tauben, Enten, Schwäne etc.) Wild, z.B. Rehe, Hasen, Wildschweine (siehe Seite 62) Manche Tierparks erlauben auch das Mitbringen von Hunden.	So oft, bis der Welpe diese Tiere nicht mehr als etwas Besonderes empfindet! Achtung, muß in jeder Entwicklungsstufe getestet werden (alle zwei bis drei Wochen!).
Verkehr	Ihr Welpe muß sich sowohl bei ruhigem als auch bei starkem und schnellem Verkehr sicher fühlen. Gehen Sie nicht nur in Ihrem Wohngebiet, sondern auch an belebten Straßen spazieren, ruhig auch öfter einmal an einer Schnellstraße! Vergessen Sie dabei nicht, ihn auch mit großen Lastwagen, Baumaschinen, Trecker, Müllauto und Straßenkehrmaschine zu konfrontieren.	Dreimal wöchentlich, ca. zehn Minuten
Geräuschquellen Schreckreize	Machen Sie Ihren Welpen vertraut mit Knall (Luftballons platzen lassen, dickes Buch fallen lassen o.ä.), Staubsauger, Haushaltsmaschinen etc.	So oft wie nötig, behutsam anfangen und nur langsam steigern.

WAS?	WIE?	WIE OFT?
Busfahren	Fahren Sie Bus mit dem Welpen. Ganz kleine Welpen nehmen Sie auf den Arm, Junghunde können angeleint schon selbständig ein- und aussteigen.	Zweimal monatlich.
Bahnhof Zugfahren	Setzen Sie sich an den Bahnsteig, und bleiben Sie so lange, bis der Welpe ein- und ausfahrende Züge relativ gelassen hinnimmt (beim ersten Mal viel Zeit mitbringen!). Bewältigt der Welpe diese Situation ohne Angst, unternehmen Sie eine kleine Zugfahrt!	Zweimal monatlich eine oder zwei kurze Bahnfahrten, beim ängstlichen Hund öfter.
Autofahren	Gewöhnen siehe entsprechendes Kapitel.	Täglich.
Größere Menschenmengen, z. B. Fußgängerzone, Marktplatz	Besuch einer Fußgängerzone. Setzen Sie sich einfach hin und lassen Sie Ihren Hund staunen. Passen Sie auf, daß der Welpe nicht getreten oder angerempelt wird. Er soll positive Erfahrungen sammeln und nicht negative! Nehmen Sie ihn notfalls auf den Arm, wenn das Gedränge zu groß wird!	Einmal wöchentlich, ca. zwanzig Minuten.
Brücken	Benutzen Sie so oft kleine und große Brücken, bis der Welpe völlig gelassen bleibt. Achten Sie darauf, daß Sie verschiedene Brücken aufsuchen: Fußgängerbrücken, breite, lange, kurze Brücken über Bäche, Flüsse und Autobahnen!	Wöchentlich.
Aufzüge	Achten Sie auf verschiedene Aufzüge: mit und ohne Glaswände. Kann gut beim Stadtbesuch geübt werden (Parkhaus!).	Wöchentlich.
Einkaufszentrum Flughafen	Diese Orte stellen eine völlig andere Umgebung dar: glatter Boden, viele Menschen, künstliches Licht, ungewohnte Geräusche und Gerüche etc.	Mehrmals in der Aufzuchtphase.
Verschiedene Böden	Glatte und rauhe Böden, Gitterroste (sehr schwierig!).	So oft wie nötig.
Treppen	Welpen sollten während der ersten Lebensmonate nicht zu viele Treppen laufen, um Gelenkerkrankungen durch Überbeanspruchung vorzubeugen. Trotzdem soll der Welpe verschiedene Treppen (glatte, rauhe, offene usw.) kennenlernen und bewältigen. Üben Sie so oft wie nötig, und helfen Sie zur Not mit Leckerchen und viel Lob nach. Rolltreppen jedoch sind zu gefährlich. Welpen oder Hunde kleiner Rassen können Sie auf den Arm nehmen. Mit großen Hunden oder Welpen müssen Sie einen Umweg in Kauf nehmen. Die Gefahr, daß der Hund sich eine Pfote oder Kralle klemmt, ist zu groß!	So oft wie nötig.

Umweltsozialisation

WAS?	WIE?	WIE OFT?
Restaurantbesuch	Machen Sie zuerst einen kleinen Spaziergang, damit der Welpe müde ist, und suchen Sie dann eine Gaststätte aus. Der Welpe kommt unter den Tisch, stellen Sie den Fuß auf die Leine, damit er nicht herumlaufen kann, und ignorieren Sie jegliches Gejammer. Verhält der Welpe sich ruhig, können Sie ihn ruhig loben, aber nicht zu aufmunternd!	Mehrmals, zu Beginn nicht zu lange.
Jahrmarkt Volksfest	Dieses außerordentliche Ereignis sollten Sie Ihrem Hund nur zumuten, wenn Ihr Welpe noch so klein ist, daß Sie ihn auf dem Arm tragen können.	
Fähre	Haben Sie eine Fähre in erreichbarer Nähe, nutzen Sie auch diese Möglichkeit. Selbstverständlich hat das nur einen Effekt, wenn Sie auch mit dem Welpen auf der Fähre aussteigen dürfen – eine reine Autofähre bringt nichts.	
Gewöhnung an Wasser	Fangen Sie mit kleinen Bächen an, und gehen Sie mit gutem Beispiel voran! Zwingen Sie Ihren Hund nie, sondern locken Sie ihn notfalls mit Trockenfisch oder anderen attraktiven Leckerchen, spielen Sie am Ufer, oder setzen Sie sich einfach lange Zeit daneben. Begeisterte „Wasserhunde" als Vorbild können eine Hilfe sein. Gewöhnen Sie den Hund langsam an größere Bäche und Seen, schwimmen Sie voran! Winterwelpen sollten zumindest an kleinere Bäche gewöhnt werden und so bald wie möglich an größere!	So oft wie möglich.
Dunkelheit	Begegnungen mit fremden Menschen, Hunden und Verkehr müssen auch in der Dunkelheit geübt werden, und zwar so oft wie nötig.	So oft wie nötig.

Begeisterte „Wasserratten" sind ein gutes Vorbild.

MEIN HUND IST ÄNGSTLICH!

Nicht trösten! Reagiert Ihr Hund in irgendeiner Situation ängstlich oder auch nur zurückhaltend, dürfen Sie auf keinen Fall beruhigend auf ihn einreden oder ihn streicheln.

Leider kommt der gutgemeinte Inhalt unserer Worte bei dem verängstigten Welpen nicht an, sondern nur der mitleidige und bedauernde Tonfall. Was erreichen Sie damit? Genau das Gegenteil von dem, was Sie mit Tröstungsversuchen wollten: Der Hund fühlt sich für seine Ängstlichkeit gelobt und verstärkt das Verhalten nun möglicherweise! So schwer es ist, reagieren Sie nicht darauf (auch kein Leckerchen), wenn Ihr Hund Angst oder Unsicherheit zeigt! Bleiben Sie ganz ruhig, und versuchen Sie, eine möglichst große Gelassenheit auszustrahlen. Vermitteln Sie Ihrem Hund als Rudelführer das Gefühl: Es ist alles in Ordnung! Bleiben Sie so lange stehen, bis Ihr Hund sich entspannt und eventuell sogar neugierig wird.

Wichtig: professionell geführte Welpenspielgruppen.

Mein Hund ist ängstlich!

Dauert dies sehr lange, müssen Sie ab sofort diese Situation immer wieder aufsuchen, bis Ihr Hund sie akzeptiert. Entspannt er sich, bekommt er ein Leckerchen. Verlassen Sie die Situation nicht, solange Ihr Welpe noch Angst hat. Nehmen Sie sich Zeit, bis er sich wenigstens halbwegs entspannt hat.

Je jünger der Welpe ist, desto eher akzeptiert er fremde und ungewöhnliche Situationen. Der 8 Wochen alte Welpe marschiert noch staunend überall hin. Beim 16 Wochen alten Hund kann dies schon ganz anders aussehen, wenn er bis dahin keine Gelegenheit hatte, neue Dinge kennenzulernen.

Bei regelmäßigen Besuchen einer Welpenspielgruppe legt sich die Unsicherheit schnell.

Welpenspielgruppen – ein Muß!

Der Besuch einer guten Welpenspielgruppe ist ein Muß! Bitte lassen Sie sich nach dem ersten Besuch einer kontrollierten Welpenspielgruppe nicht von weiteren Besuchen abhalten, wenn der Welpe möglicherweise nur ängstlich zwischen Ihren Beinen sitzt. Dies kann besonders dann auftreten, wenn seit der Trennung von der Geschwistergruppe schon zwei oder mehr Wochen vergangen sind. Aber bei regelmäßigen Besuchen wird sich diese Unsicherheit schnell legen.

Voraussetzung ist allerdings, daß es sich um eine gute und kontrollierte Welpenspielgruppe handelt. Keinesfalls dürfen rüpelige Junghunde in eine Welpengruppe integriert sein.

DER WELPE UND SEIN SOZIALES UMFELD

In diesem Alter ist der Wechsel der Bezugspersonen besonders fatal.

Bindungs-voraussetzungen

Der Hund benötigt ein konstantes Umfeld, um eine vernünftige Bindung an den Menschen aufzubauen. Dies bedeutet, daß es im Tagesablauf des jungen Tieres möglichst keine personellen Wechsel geben sollte. Hierunter ist eine regelmäßige oder auch nur häufige Unterbringung des Welpen außerhalb des Umfeldes der eigentlichen Besitzer zu verstehen, wie zum Beispiel: tägliches „Babysitting" durch Nachbarskinder, Verwandte, Freunde etc., mehrtägige oder gar mehrwöchige Abgabe aufgrund von Urlaubsreisen usw.

Wird der Welpe – besonders fatal ist dies während der Sozialisierungsphase – mit wechselnden Bezugspersonen konfrontiert, wird sich seine Bindungsfähigkeit mit sehr hoher Wahrscheinlichkeit enorm verschlechtern. Bei manchen Hunden genügt hier in den ersten Wochen nach der Übernahme ein einmaliges Wochenenderlebnis.

Bindung und Gehorsam

Für eine vernünftige Gehorsamsbereitschaft ist eine solide Bindung Voraussetzung. Diese kann das Tier nur schwer aufbauen, wenn es in der Frühphase seines Lebens wie ein Paket herumgereicht wird. Viele unserer Teilnehmer berichten sogar über eine Verschlechterung der Folgebereitschaft beim

Welpen bei eigener Abwesenheit für wenige Tage, ohne daß der Hund hierbei sein Umfeld wechseln mußte, d.h., der Rest der Familie war nach wie vor um das Tier herum.

In der Regel bekommt man als Besitzer die Folgen eines regelmäßigen Bezugspersonenwechsels erst während der Pubertät oder danach zu spüren: Der Hund zeigt völliges Desinteresse an seinen Besitzern, ist dabei aber durchaus freundlich zu anderen Menschen. Jegliche Motivations- oder Aufmerksamkeitsübungen gestalten sich schwierig, der Hund ist nicht bereit, seinen Menschen mehr als die allernötigste Aufmerksamkeit zu schenken.

Diese Sozialisierungsmängel sind schwierig bis gar nicht auszugleichen. Mußte der Welpe mit mehreren Wechseln der Bezugspersonen zurechtkommen, so ist ein schlechter Start in die Mensch-Hund-Beziehung fast vorprogrammiert.

Nach Möglichkeit sollten Sie es also vermeiden, den Welpen und Junghund wegzugeben. Obwohl es aber auch immer wieder Fälle gibt, in denen der Hund auf Bezugspersonenwechsel nicht oder kaum reagiert.

WELPENSCHUTZ

Die Behauptung, Welpen genießen bei anderen Hunden immer und in jeder Situation „Welpenschutz", ist so allgemein leider nicht zutreffend. Sicher gibt es einen Welpenschutz, aber dieser gilt nur für Welpen des eigenen Rudels! Für fremde Welpen gilt dieser nur sehr eingeschränkt oder gar nicht. Die meisten Hunde sind zwar mit Welpen, auch fremden, sehr gutmütig, aber verlassen sollten Sie sich darauf auf keinen Fall! Handelt es sich gar um eine erwachsene, instinktsichere Hündin, ist es durchaus möglich, daß diese einen fremden Welpen wegbeißt und verletzt!

Treffen Sie also mit Ihrem Welpen auf erwachsene Hunde, fragen Sie den Besitzer, ob sein Hund mit Welpen freundlich ist. Lautet die Antwort: „Aber Welpen haben doch Welpenschutz"

Nicht von allen Hunden kann man Geduld mit Welpen erwarten.

oder „Weiß ich nicht", dann lassen Sie eine Hundebegegnung nicht zu! Negative Erfahrungen mit anderen Hunden sollte Ihr Welpe nicht machen! Dies gilt natürlich nicht für kleinere Zurechtweisungen eines angemessen handelnden erwachsenen Hundes.
Schulen Sie Ihre Beurteilungsgabe bei dem Besuch einer guten Welpenspielgruppe!

Als ob er kein Wässerchen trüben könnte – beginnen Sie trotzdem frühzeitig mit der Erziehung.

DIE UNTERDRÜCKUNG DES JAGDVERHALTENS BEIM WELPEN

Ob Ihr Hund ein „Jäger" wird oder nicht, kann von Ihnen entscheidend beeinflußt werden!
Die Bekämpfung eines einmal ausgeprägten Jagdverhaltens beim erwachsenen Hund erfordert mehrere Monate intensives Gehorsamstraining. Auch danach ist es für das restliche Hundeleben Gebot, wildreiche Gebiete zu meiden und somit Gefahrensituationen erst gar nicht entstehen zu lassen.
Beginnt man frühzeitig mit der Welpenerziehung, so kann man dieses Problem weitgehend in den Griff bekommen und erspart sich und dem Hund eine Menge Kummer, Ärger und Schmerzen und sogar vielleicht den vorzeitigen Tod durch den Jäger! Denn Jagdberechtigte dürfen wildernde Hunde erschießen!
Grundsätzlich ist dieses Kapitel in Einheit mit dem Kapitel „Kommen auf Zuruf" (Seite 72) zu sehen. Ohne die sorgfältige Beachtung und Anwendung der dort genannten Punkte lernt der Hund niemals, einen so starken Reiz wie flüchtendes Wild, streunende Katzen oder die niedlichen Enten auf Ihr Zurufen links liegen zu lassen. Übrigens zählt das Verfolgen von Joggern, Radfahrern usw. auch zu diesem Formenkreis. Erlebnisse mit wenig erfreuten Jagdpächtern, wütenden Nachbarn, die um das Leben ihrer Katzen fürchten, o. ä. kennt man zur Genüge entweder aus eigener Erfahrung oder aus Erzählungen.

Selbstbelohnendes Verhalten

Zum Verständnis erläutern wir zunächst die Sicht des Hundes: Was empfindet er, wenn er jagt? Warum ist es so schwer, ihn davon zu überzeugen, daß es nur zu seinem eigenen Wohl ist, von der Jagd abzulassen? Die Anwort ist ganz einfach: Jagen macht Spaß und ist außerdem eine der ursprünglichsten Eigenschaften der Caniden. Und die Belohnung liegt nicht erst im Ergreifen der Beute, schon die Verfolgung ist für den Hund so extrem lustvoll, daß sich diese Tat praktisch selbst belohnt. Denken Sie an sich selber und an die Dinge, die Ihnen Spaß machen. In der Regel liegt der Lustgewinn schon in der Handlung selbst und nicht erst im Ergebnis. Darüber hinaus hat das flüchtende Objekt Angst. Dies wirkt zusätzlich verstärkend, denn der Hund hat hier bestens Gelegenheit, sich seiner eigenen Stärke bewußt zu werden. Was hier vor sich geht, ist ein Lernprozeß, wie er im Buche steht. In der Lernpsychologie macht man sich dies schon eine ganze Weile zunutze. Lernmethoden, die ausschließlich auf Schmerz und Unlustgefühlen basieren, haben ausgedient. Leider beschert uns dieser Mechanismus, Verhalten durch möglichst hohen Lustgewinn zu festigen oder zu erlernen, hier einen Effekt, den wir uns nun ganz und gar nicht wünschen. Was also ist zu tun?

Abhilfe schaffen	Wie oben bereits unterstrichen: tägliches Einüben des Kommens auf Zuruf unter Einbezug sämtlicher Erziehungstechniken, wie sie bislang beschrieben wurden. Lernt der Hund nicht, Sie zu respektieren, läßt er von dem verschreckten Hasen nie und nimmer Ihnen zuliebe ab.
Wildreiche Gebiete meiden	Was gibt es noch zu tun? Vermeiden Sie so lange Gebiete mit Wildwechsel, bis das „Kommen" durch Ihre täglichen entsprechenden Übungen zuverlässig geworden ist. Zuverlässig heißt, daß der Hund sich aus Situationen, die für ihn mit Lustgewinn verbunden sind (z. B. gemeinsames Spiel mit Artgenossen, Kauen eines Knochens), problemlos heranrufen läßt. Dies sollte im Alter von 4 bis 5 Monaten (selbstverständlich vorausgesetzt, der Welpe befindet sich seit der 8. bis 10. Lebenswoche in Ihrem Besitz) kein Problem mehr sein. Erschrecken Sie jetzt nicht. Dies ist tatsächlich möglich, sofern Sie alles Beschriebene ernst nehmen und sich nicht nur entsprechend Ihrer Zeit und/oder Lust einmal die Woche etwas aus unserem Buch herauspicken und mit dem kleinen Welpen durchführen.

Ermöglichen Sie Ihrem Welpen oder Junghund keine lustvollen Jagderlebnisse (hier stöbern). Machen Sie lieber gemeinsame Futtersuchspiele.

Gehen Sie in einen Wildpark

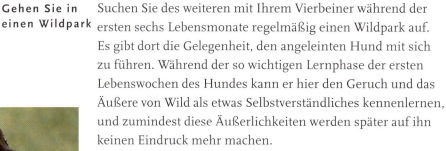

Suchen Sie des weiteren mit Ihrem Vierbeiner während der ersten sechs Lebensmonate regelmäßig einen Wildpark auf. Es gibt dort die Gelegenheit, den angeleinten Hund mit sich zu führen. Während der so wichtigen Lernphase der ersten Lebenswochen des Hundes kann er hier den Geruch und das Äußere von Wild als etwas Selbstverständliches kennenlernen, und zumindest diese Äußerlichkeiten werden später auf ihn keinen Eindruck mehr machen.

„Regelmäßig" bedeutet dabei aber keinesfalls einmal in sechs Monaten. Optimal wäre jede Woche, mindestens jedoch zweimal im Monat sollten Sie mit Ihrem Hund üben!

Ein weiterer Punkt, der den Hund hierbei positiv beeinflussen kann, besteht darin, daß das Wild im eingezäunten Park an den Menschen gewöhnt ist und in der Regel nicht flüchtet. Der Hund lernt so im positiven Fall, daß diese Tiere zu seiner Umwelt gehören. Doch das Wichtige dabei ist, daß dies das erste Lernerlebnis ist, das der Hund mit Wild hat.

Kein Aufheben um Wild machen

Achten Sie beim ersten Besuch im Wildpark darauf, daß Sie selbst um das Wild keinerlei Aufheben machen. Keinesfalls sollten Sie Ihren Hund auf die Tiere aufmerksam machen, um ihn an deren Anblick zu gewöhnen. Lernprozesse sind eine komplexe Sache. Womöglich versteht Ihr Hund Sie falsch und betrachtet Ihren gutgemeinten Hinweis als Aufforderung, sich frech und aufdringlich zu nähern, und schon haben Sie eine ungewünschte Verknüpfung.

Abstand halten

Halten Sie beim ersten Besuch genügend Abstand. Ist ihr Hund sehr erregt aufgrund des Wildes, gehen Sie so weit auf Abstand zu den Tieren, bis Ihr Hund sich neutral verhält. Hierbei müssen Sie ihn genau beobachten: Erlauben Sie nur den Abstand zum Wild, der den Hund ausgeglichen bleiben läßt.

Reagiert Ihr Hund ängstlich – was bei einem normal geprägten Hund, der auch sonst nicht unter Panikanfällen leidet, wenig wahrscheinlich ist –, halten Sie den Abstand ein, in dem der Hund einigermaßen entspannt und

Die Unterdrückung des Jagdverhaltens beim Welpen

angstfrei ist, und nähern sich bei Ihren folgenden Besuchen nur schrittchenweise.

Maßgeblich für die Entfernung beim überängstlichen Hund ist immer der Hund selbst. Reagiert der Hund panisch, müssen Sie die Entfernung wieder vergrößern. Außerdem sollten Sie fachlichen Rat einholen, denn allzu panisches Verhalten ist als Verhaltensstörung einzustufen, die behandelt werden muß.

Doch wie gesagt: Diese Handlungsanweisung dient nur für den Fall der Fälle. Es ist so gut wie ausgeschlossen, daß ein Hund, der sich sonst normal verhält, im Wildpark panisch reagiert und das Wild meiden will.

Eine anfängliche Unsicherheit hingegen ist jedoch ganz normal. Sie sollten dies wie immer ignorieren. Diese Unsicherheit wird, wenn der Welpe sie überhaupt zeigt, schnell vergehen.

Führen Sie den Hund bei Ihrem ersten Besuch an der Leine am Gehege vorbei, und beachten Sie das Wild möglichst wenig. Achten Sie auf Ihre Entfernung zum Gehege und darauf, daß sich Ihr Welpe in dieser Entfernung neutral und gelassen verhält.

Übungen in den Wildpark verlegen

Bei den folgenden Besuchen können Sie zusätzlich die Erziehungsübungen, die Sie ohnehin regelmäßig mit Ihrem Welpen durchführen, in den Wildpark verlegen. Wichtig hierfür

Der Ausflug in den Wildpark sollte an der Schleppleine erfolgen.

ist, daß der Hund äußerlich gelassen wirkt und sich auf Sie fixieren läßt. Loben Sie den Hund so intensiv wie möglich. Gestalten Sie das Belohnungsspiel so lustvoll wie möglich! Für den Fall, daß der Hund sich bereits bei Ihrem ersten Besuch im Wildpark extrem gebärdet und offensichtlich ist, daß er bereits jetzt die eingezäunten Tiere als „potentielle Leibspeise" betrachtet, sind ein Schleppleinentraining (Seite 86) und entsprechend verstärkte Besuche des Wildparks unerläßlich. Doch erschrecken Sie nicht: Solch ein Verhalten ist sehr unwahrscheinlich, sofern Sie diese Besuche sofort nach der Übernahme des Tieres (also in der Regel nach der 8. bis 10. Lebenswoche) aufnehmen.

Jagdverhalten im Alltag

Weg vom Wildpark, hin zum Alltag. Trotz Ihrer Anstrengungen und Bemühungen zeigt der Welpe womöglich Tendenzen, flüchtende Objekte zu verfolgen, und läßt sich nicht sofort abrufen. Beobachten Sie den Hund genau. Kaum ein Welpe, der gestern noch völlig neutral auf Objekte reagiert hat, die sich schnell von ihm wegbewegen, stürzt morgen kläffend hinter einer Katze, einem Jogger oder Radfahrer her.

Fixieren ist der erste Schritt zur Jagd

Schon das genaue Fixieren z. B. einer Katze oder eines Joggers ist als Vorbote (in der Regel ab dem 4. Monat oder später) zu betrachten, auch wenn der Hund noch nicht zur Verfolgung ansetzt. Rufen Sie den Hund zu sich. Unterstützend setzen Sie dabei die Schleppleine ein. Kommt er, folgt als Belohnung eine freudige Begrüßung mit gleichzeitigem Leckerchen. Sicherlich können Sie sich vorstellen, daß es erheblich leichter ist, den Hund aus dieser Situation heranzurufen, als wenn er bereits Nachbars Katze hetzt. Das heißt für Sie, daß diese Situation eingeübt werden muß.

Begehen Sie nicht den Fehler zu glauben, nur weil Ihr Welpe im Alter von beispielsweise 12 Wochen nicht zur Verfolgung von Federvieh oder sonstigem ansetzt, würde das in alle Ewigkeit so bleiben.

Seien Sie aufmerksam, beobachten Sie genau, betrachten Sie das Heranrufen des fixierenden Hundes als einen von Ihnen gesteuerten Lernprozess. Wiederholen Sie dies oft genug, solange der Hund noch nicht auf den „Geschmack" gekommen ist, daß Hetzen Spaß macht, und Ihr Welpe wird lernen, daß es wesentlich interessanter ist, zu Ihnen zu kommen (schließlich gibt's da was!). Verpassen Sie diese Phase nicht, in der der junge Welpe noch mit dem Fixieren der vermeintlichen Beute beschäftigt ist. Dazu müssen Sie Zeit mitbringen. Diese Phase des Fixierens ist kurz und muß täglich ausgeschöpft werden, so gut es nur geht.

Läßt sich der Welpe trotz des korrekten Einsatzes der Schleppleine nicht heranrufen, beginnen Sie mit dem Wurfkettentraining (Seite 99).

Aufmerksames Beobachten – so fängt es an.

SCHLAFPLATZ

Der Schlafplatz des Welpen und des erwachsenen Hundes sollte unbedingt im Schlafzimmer sein. Dies gilt allerdings nicht bei Aggressionsproblemen mit dem erwachsenen Hund. In diesem Fall sollten Sie fachmännische Hilfe suchen und gleichzeitig Tabuzonen schaffen. Nur so können Sie die Erziehung zur Stubenreinheit verwirklichen, und nur so wird sich der Welpe wirklich sicher und geborgen fühlen. Selbstverständlich gewöhnt sich ein Welpe auch an das Alleineschlafen, aber das wird immer mit einem Verlust an Bindung bezahlt. Die Selbständigkeit, die der Welpe durch die Isolierung während der Nacht erwirbt, wirkt sich auch auf sein ganzes restliches Verhalten aus, z.B. bei Spaziergängen! Damit der Hund nicht ins Bett klettert oder die Einrichtung auseinandernimmt, während Sie schlafen, kommt die „Kiste" zum Einsatz.

Nach dem Spiel sofort auf die Wiese.

STUBENREINHEIT

Kiste und Stubenreinheit

Das wichtigste und praktischste Hilfsmittel bei der Erziehung zur Stubenreinheit ist die „Kiste". Hierzu dient ein großer, stabiler Karton (z.B. vom Fernsehfachgeschäft), ein ausrangierter Kinderlaufstall oder am besten gleich eine Hundetransportbox aus dem Hundefachgeschäft. Kaufen Sie die Transportbox, die auch später im Urlaub sehr nützlich sein kann, für die Größe des ausgewachsenen Hundes! Der Einfachheit halber bezeichnen wir alle diese Hilfsmittel nun als „Kiste".

Die Kiste sollte so groß sein, daß der Welpe sich darin wohl fühlt und sich bequem hinlegen kann, aber nicht so groß, daß er darin umherwandern kann. Einen Laufstall müssen Sie also unter Umständen durch einen Pappkarton o. ä. verkleinern. Sollten Sie bei einem älteren Hund Probleme mit der Stubenreinheit haben, dann können Sie nach einer unbedingt notwendigen tierärztlichen Untersuchung übrigens genauso vorgehen.

Praktische Hundeerziehung

Ab in die Höhle!

Wozu nun alles? Die Kiste soll für den Welpen eine Art Höhle darstellen, in der er sich wohl fühlt. Beim ersten Mal sollte der Welpe müde und satt sein, wenn Sie ihn hineinsetzen. Natürlich legen Sie vorher eine kuschelige Decke und ein Kauspielzeug hinein. Haben Sie den richtigen Zeitpunkt abgepaßt, wird der Welpe sich nach kurzer Zeit hinlegen und schlafen, und Sie haben Zeit, sich einmal um andere Dinge zu kümmern.

MACH SCHÖN!

Wenn der Welpe nun aufwacht, „muß" er dringend. Da Welpen aber nur in äußersten Notfällen ihr Lager (ihre Höhle) beschmutzen, wird er sich jammernd melden. Nun müssen Sie natürlich zur Stelle sein und ihn sofort an den gewählten Ort tragen, damit er sein Geschäft erledigen kann. Es ist sinnvoll, immer ein bestimmtes Wort zu wiederholen, wenn er sein Geschäft erledigt, z.B. **MACH SCHÖN**. Welches Wort Sie wählen, ist ganz egal, es muß nur immer dasselbe sein. Benutzen Sie dies regelmäßig, wird Ihr Hund es bald mit seinem Verhalten verknüpfen und kann später leicht dadurch animiert werden, nun sein Geschäft zu erledigen.

Stubenreinheit

Stellen Sie die Kiste nachts ins Schlafzimmer

In die Kiste kommt der Welpe am besten auch nachts – in Ihrem Schlafzimmer! Für einen Welpen ist Alleinsein völlig artwidrig, und er steht Todesängste aus. Alleinsein muß er erst lernen, aber bitte nicht nachts! Nur wenn Sie seine Kiste neben sich stehen haben, können Sie ihn hören und nachts hinausbringen, wenn er muß. Nach einigen Tagen ist er im allgemeinen nachts „trocken", und Sie können wieder durchschlafen.

Die Kiste als Laufstall

Setzen Sie die Kiste auch tagsüber ein, wenn Sie gerade nicht auf den Welpen aufpassen können. Am besten nach einem Spaziergang oder einem Spiel, wenn der Welpe sowieso müde ist. Aber passen Sie auf: Jammert er, müssen Sie unterscheiden, ob er wirklich hinausmuß oder ob er sich nur langweilt. Sind Sie davon überzeugt, daß er nur keine Lust auf seine Kiste hat, muß er drinbleiben. Diese Unterscheidung ist sehr schwierig, aber vertrauen Sie auf Ihr Gefühl. Selbstverständlich soll der Welpe nun nicht den größten Teil des Tages in seiner Kiste hocken! Vernachlässigen dürfen Sie ihn nicht!

Wenn ein Malheur passiert

Erwischen Sie Ihren Welpen im Haus „auf frischer Tat", d. h. er hockt sich gerade hin oder ist noch dabei, sagen Sie **NEIN**, nehmen ihn auf den Arm und gehen schnell nach draußen. Tragen Sie ihn, damit er nicht noch unterwegs etwas verliert! Draußen angekommen, setzen Sie ihn ab und versuchen ihn mit dem „Zauberwort" zu animieren. Loben Sie ihn, wenn es geklappt hat. Entdecken Sie ein Mißgeschick aber erst später, dürfen Sie keinesfalls schimpfen. Auch Tips wie „Nase hineindrücken" sollten wirklich der Vergangenheit angehören! Auch wenn der Welpe im Moment des Schimpfens die Ohren hängen läßt und sehr nach schlechtem Gewissen aussieht, verstehen kann er Sie nicht! Er reagiert mit dem vermeintlich „schlechten Gewissen" lediglich auf Ihr Schimpfen und Ihren Ärger. Warum Sie ärgerlich sind, kann er nicht wissen. Ihnen bleibt nur übrig, das Malheur wegzuwischen (Essigwasser, damit die Stelle nicht mehr verlockend riecht!) und in Zukunft besser aufzupassen.

ALLEINBLEIBEN

Wie bereits erwähnt, ist Einsamkeit für den Welpen sehr bedrohlich. In freier Wildbahn würde ein Alleinbleiben für den Welpen den sicheren Tod bedeuten. Natürlich muß und kann der Welpe trotzdem lernen, auch einmal einige Zeit allein zu sein.

Alleinbleiben trainieren

Beginnen Sie mit dem Training erst, wenn der Welpe mindestens zwei Wochen bei Ihnen lebt und Sie das Gefühl haben, daß er sich schon gut eingelebt hat und Ihnen vertraut. Haben Sie einen erwachsenen Hund übernommen, sollten Sie genau wie in der Welpenerziehung vorgehen!
Auch hier kommt die Kiste wieder zum Einsatz. Warten Sie, bis Ihr Welpe satt und müde ist, und setzen Sie ihn in die Kiste. Verlassen Sie nun den Raum für einige Minuten. Kommen Sie auf jeden Fall erst dann zurück, wenn der Welpe ruhig ist.
Sollte er jammern oder heulen, reden Sie auf keinen Fall beruhigend, tröstend oder schimpfend auf ihn ein. Durch jede dieser Aktionen verstärken Sie sein Verhalten nur. Trösten Sie ihn, fühlt er sich bestätigt und/oder gelobt. Schimpfen Sie mit ihm, bekommt er noch mehr Angst und hat nun erst recht Grund zu jammern.
Klappt das Alleinbleiben in einem Zimmer, üben Sie auch, das Haus zu verlassen. Genauso müssen Sie vorgehen, um dem Hund das Warten im Auto beizubringen.
Steigern Sie sein Alleinbleiben nun Woche für Woche um einige Minuten bis zu ca. zwei Stunden. Wenn der Hund etwa ein halbes Jahr alt ist, können Sie beginnen, ihn bis zu vier Stunden allein zu lassen. Wesentlich länger (max. sechs Stunden) sollte auch der erwachsene Hund nur in Ausnahmefällen allein sein.

Lassen Sie Ihr Kind nicht unbeaufsichtigt mit Ihrem Hund spielen.

ÜBUNGSPLAN FÜR WELPEN

WAS?	TÄGLICH	WÖCHENTLICH
Kommen auf Zuruf	Erziehungsspaziergang in unbekannter Umgebung (inklusive Versteckspiel und Richtungswechsel).	KOMM mit Hilfsperson.
Umweltsozialisation	Täglich Personen- und Hundekontakt, jeden zweiten Tag einen Aspekt der Tabelle „Umweltsozialisation" wahrnehmen!	Welpenspielstunde, Besuch eines Wildparks.
SITZ	Täglich mindestens zehnmal.	Ablenkung steigern.
PLATZ	Täglich mindestens zehnmal.	Ablenkung steigern.
Spielen	Täglich im Anschluß an SITZ- und PLATZ-Übungen und während des Spaziergangs.	
Leinenführigkeit	IMMER beachten!	
Alleinbleiben	Täglich einige Minuten steigern.	
FUSS-Training	Wenn gewünscht, täglich drei bis fünf Minuten üben.	

Kommen auf Zuruf

ÜBERSICHT

Das zuverlässige Kommen auf Zuruf (oder Pfiff) ist sicher das wichtigste Hörzeichen in der Hundeerziehung.
Je nachdem, wie alt Ihr Hund bei Beginn der Erziehung ist, gilt es, verschiedene Wege einzuschlagen.

Für alle Altersgruppen	**Grundsätze fürs Kommen** (ab Seite 73)
Welpen und Junghunde	Welpenbesitzer (ca. 8. bis 14. Woche) fahren mit dem Abschnitt „Praktische Übungen für Welpen" fort. Ist Ihr Hund ca. 15 bis 20 Wochen alt, beginnen Sie erst mit der Welpenerziehung. Haben Sie mit den dort beschriebenen Übungen nach ca. zwei bis drei Wochen keine großen Fortschritte erzielt, müssen Sie zusätzlich mit den Übungen für Junghunde und erwachsene Hunde (ab Seite 86) beginnen. Ist Ihr Hund älter als 20 Wochen, beginnen Sie sofort mit den praktischen Übungen für Junghunde und erwachsene Hunde.

GRUNDSÄTZE FÜRS KOMMEN

Leckerchen

Viele Hundebesitzer weigern sich, Leckerchen in der Hundeerziehung einzusetzen, da sie dies als Bestechung betrachten. Machen Sie sich von solchen vermenschlichenden Gedanken frei. Wir möchten den Hund nicht bestechen, sondern belohnen!

Immer ein Leckerchen fürs Kommen!

Immer, wenn ihr Hund auf Ihr Rufen reagiert, geben Sie Ihrem Hund ein Leckerchen. Der Hund tut etwas für uns, dafür bekommt er etwas. Daran ist nichts Schlimmes. Er soll lernen, daß es sich lohnt, zu uns zu kommen. Auch wir

Ein so freudiges Herankommen muß immer belohnt werden.

Menschen denken nicht im Traum daran, Dinge zu tun, die sich nicht für uns lohnen, wobei es ganz gleich ist, welcher Art die Belohnung ist: finanzieller oder ideeller Art. Moderne Hundeerziehung kann auf einen Hund, der aus Angst Hörzeichen befolgt, gut und gern verzichten – es ist völlig unnötig. Einmal abgesehen davon, daß ein Hund, der

Angst vor seinen Besitzern hat, in der Regel nicht kommt, wenn er gerufen wird.

Hüten Sie sich, die Leckerchen für das Kommen zu schnell abzubauen. In den ersten Monaten soll der Hund immer sein Leckerchen bekommen. Erst dann sollten Sie beginnen, die Leckerchen langsam abzubauen. Jedoch nur, wenn Sie mit dem Herankommen des Hundes in jeder Situation zufrieden sind, ansonsten ist es für einen Abbau noch zu früh. Keinesfalls sollten die Leckerchen gänzlich gestrichen werden, ab und zu gibt es immer noch mal eines. Für besonders schnelles Herankommen in schwierigen Situationen, z.B. wenn der Hund durch andere Hunde abgelenkt ist, darf es sogar ruhig einmal einen „Jackpot" geben, d. h. eine ganze Handvoll Leckerchen.

Der Hund muß ganz nah zu Ihnen kommen

Viele Hunde neigen dazu, sich Ihr Leckerchen so schnell wie möglich abzuholen, um dann wieder abzuflitzen. Dies ist nicht Sinn der Sache. Gehen Sie in die Hocke, sobald der Hund auf Sie zuläuft, und feuern Sie ihn begeistert an. Wenn Sie zusätzlich mit Pfeife trainieren möchten, dann pfeifen Sie in dem Moment, in dem der Hund auf Sie zuläuft. Das Leckerchen halten Sie dicht am Körper in der Hand, keinesfalls strecken Sie es ihm entgegen (oder gehen dem Hund gar den letzten Schritt entgegen!). Ist der Hund bei Ihnen angekommen, greifen Sie ihn am Halsband, geben ihm gleichzeitig seine Belohnung, streicheln und loben ihn. Erst wenn Sie der Meinung sind, daß er wieder wegdarf, geben Sie ihn mit dem Hörzeichen **LAUF** frei.

Ein weiterer Vorteil dieser Methode ist, daß der Hund lernt, die Hand, die nach ihm greift, als etwas Selbstverständliches zu betrachten und nicht als etwas, was seine Bewegungsfreiheit einschränkt. Sicherlich kennen Sie aus eigener Anschauung viele Vierbeiner, die zwar herankommen, jedoch sofort abdrehen, sobald ihre Besitzer die Hand ausstrecken. Diese Hunde haben in der Regel folgendes verknüpft: „Sobald der Mensch die Hand ausstreckt, werde ich gegriffen, angeleint, und der Spaß ist vorbei." Dies können Sie ganz leicht vermeiden, und zwar dadurch, daß der Hund wie beschrieben beim Herankommen immer angefaßt wird und dies nicht negativ besetzt ist.

Grundsätze fürs Kommen

Lob und Stimme Der Hund soll lernen, gern zu Ihnen zu kommen. Eine wichtige Rolle spielt hier der Ton, der bekanntlich die Musik macht. Weder ein gelangweiltes, gleichgültiges „Komm mal her" wird Ihren lustbetonten Hund zunächst veranlassen können, sich in Ihre Richtung zu bewegen, noch ein genervtes „Jetzt aber schnell hierher." Im Kapitel „Stimmungsübertragung" können Sie nachlesen, wie Ihre Stimme in etwa klingen soll. Bereits wenn der Welpe zwei Schritte auf Sie zugelaufen ist, sollten Sie beginnen, ihn mit freudiger Begeisterung in der Stimme zu loben. Ist er bei Ihnen angelangt, erreicht die Begeisterung Ihren Höhepunkt. Zusätzlich wird der Hund geknuddelt und liebkost.

Kommen auf Zuruf – für diesen gut erzogenen Schäferhund kein Problem.

PRAKTISCHE ÜBUNGEN FÜR WELPEN (8.–20. WOCHE)

Lernziel

Ihr Welpe soll lernen, immer und jederzeit auf Zuruf sofort zu Ihnen zu kommen. Das erscheint Ihnen utopisch? Schließlich ist er ja noch so klein? Versuchen Sie es, und erhöhen Sie Ihre Erwartungen!

Voraussetzungen und Hilfsmittel

Schleppleine

Voraussetzungen gibt es keine. Fangen Sie an, sobald der Welpe zwei bis drei Tage bei Ihnen im Haus gelebt hat!
Bei den meisten Welpen ist die Schleppleine überflüssig, wenn man früh genug beginnt, den Folgetrieb in der beschriebenen Weise in die gewünschten Bahnen zu lenken. Manche Besitzer fühlen sich jedoch unsicher und trauen sich nicht recht, ihren Welpen von der Leine zu lassen. Hier kann Ihnen eine lange, sehr dünne Leine (keine Flexileine) von 5 bis 10 m die nötige Sicherheit und Gelassenheit geben.
Bitte achten Sie darauf, daß die Schleppleine nicht zu schwer für kleine oder junge Hunde ist! Der Hund soll sich der Leine

Ihr Hund kommt auf Ruf freudig angerannt – das ist das Ziel.

möglichst wenig bewußt sein! Die lange Leine sollte also über den Boden schleifen. So können Sie Ihre Erziehungsspaziergänge (siehe Seite 79) unternehmen, als wäre die Leine gar nicht vorhanden.

Fühlen Sie sich in irgendeiner Situation unsicher, z.B. wenn ein Jogger naht, nehmen Sie die Leine dezent auf und laufen weiter, als wenn gar nichts wäre. So können Sie durch einen kleinen Ruck an der Leine auch verhindern, daß Ihr Welpe dem Jogger hinterherrennt und Ihr Rufen ignoriert. Prinzipiell sollten Sie aber so locker und ruhig wie möglich an potentiellen Reizquellen vorbeilaufen und dem Hund erst gar nicht durch aufgeregtes Rufen das Gefühl geben, daß es sich hier um etwas Besonderes handelt.

Sind Sie an der Reizquelle vorbei, lassen Sie genauso dezent die Leine wieder fallen, wie Sie sie aufgenommen haben.

Mit der Zeit sollten Sie in der Lage sein, die Leine schrittweise zu verkürzen und schließlich ganz wegzulassen. Hierzu sind gezielte Erziehungsspaziergänge – wie im weiteren Verlauf beschrieben – notwendig.

Weitere Hinweise zum Einsatz der Schleppleine finden Sie im entsprechenden Kapitel (Seite 86).

Hör- und Sichtzeichen

Verwenden Sie als Hörzeichen nicht den Namen Ihres Welpen. Überlegen Sie sich einmal, wie oft Sie den Namen Ihres Hundes im Alltag erwähnen! Die Wahrscheinlichkeit,

daß der Hund dies als zuverlässig zu befolgendes Hörzeichen annimmt, ist sehr gering. Verwenden Sie also besser ein Wort wie **HIER** und **KOMM**.

Ein eigenes Sichtzeichen ist nicht unbedingt nötig, wichtiger ist eine freundliche Haltung. Zusätzlich können Sie einen glatten Pfiff verwenden, wenn Sie möchten.

Wenn er kommt

Der Ablauf des Herankommens sollte immer gleich sein: Sie rufen und/oder pfeifen nach Ihrem Welpen. Sobald der Welpe auch nur in Ihre Richtung schaut, beginnen Sie mit überschwenglichem Lob. Ist er bei Ihnen angekommen, fassen Sie mit einer Hand nach dem Halsband, um ihn festzuhalten. Aus der anderen Hand bekommt er das (hoffentlich schon bereitgehaltene) Leckerchen. Sie loben dabei weiter und knuddeln ihn liebevoll. Nach einigen Sekunden darf er dann mit Hörzeichen **LAUF** wieder frei laufen.

Schritt-für-Schritt-Anleitung

Schritt 1: Erziehungsspaziergänge in unbekannter Umgebung

Mindestens einmal am Tag sollten Sie einen Spaziergang in unbekannter Umgebung mit Ihrem Welpen machen. Die meisten Welpenbesitzer laufen mit dem Hund an der Leine vom Haus weg, um diesen dann auf dem Feldweg o.ä. abzuleinen. Der Hund kennt so die nähere Umgebung der Wohnung nach spätestens vier bis fünf Spaziergängen in- und auswendig. Die Folge: Er fühlt sich sicher in seiner Umgebung und orientiert sich entsprechend mangelhaft an seinem Menschen. Erziehungsziel ist jedoch, daß der Hund lernt, sich am Menschen zu orientieren und aktiv nach seinen Besitzern zu

Für die ersten Lernschritte gehen Sie beim Rufen in die Hocke.

schauen, sobald er ohne Leine läuft. Jedoch sieht die Realität oft so aus, daß der Hund genau auf der bekannten Hausstrecke die ersten Erfahrung im „Nichthören" macht.

Wir empfehlen daher, in den ersten Wochen gar keine Spaziergänge vom Haus weg zu unternehmen. Setzen Sie den Hund wenigstens einmal am Tag ins Auto, und fahren Sie mit ihm in unbekanntes Gebiet. Sie werden sofort bemerken, daß sich der Welpe wesentlich stärker an Ihnen orientiert, als dies in bekannter Umgebung der Fall ist.

Diese Erziehungsspaziergänge in unbekannter Umgebung brauchen nicht ewig zu dauern. Der Welpe sollte ohnehin nicht zu lange spazierengehen. Ungefähr zwanzig Minuten reichen völlig aus. Sie müssen sich auch nicht jeden Tag einen neuen Platz aussuchen. Es sollten jedoch mehrere verschiedene Orte sein, die Sie variieren. Wollen Sie den Hund nur mal so zum Pinkeln hinauslassen, so führen Sie ihn in bekannter Umgebung an der Leine, und dies genau so lange, bis Sie sich sicher sind, daß der Welpe auf Ihr Rufen reagiert.

*Variante:
Komm mit Sichtzeichen Sitz verbinden (Leckerchen nicht vergessen).*

Fehler vermeiden Leider machen viele Welpenbesitzer den Fehler, das Nichtgehorchen des Welpen zu bagatellisieren: „Er ist ja noch so klein, wenn er erst erwachsen ist, dann ...."
Das Problem ist jedoch, daß der Welpe genauso, wie er lernen kann zu kommen, blitzschnell gelernt hat, nicht zu kommen! Mit jedem vergeblichen Rufen macht er eine elementare Erfahrung: „Mein Mensch besitzt keinerlei Macht über mich und ist hilflos, wenn ich nicht komme."
Viele unserer Schüler, besonders diejenigen, die eher etwas weniger Zeit, Sorgfalt und Konsequenz in die Erziehung des Welpen investierten, haben die regelmäßigen Spaziergänge in unbekannter Umgebung „gerettet", d.h., die elementare mehrwöchige Lernerfahrung, die die Welpen in unbekannter Umgebung machten, ermöglichte es, daß die Hunde überhaupt von der Leine gelassen werden konnten. Sie hatten gelernt – mit Hilfe einiger zusätzlicher, noch zu beschreibender Tricks –, daß sie sich an ihren Leuten orientieren müssen. Diese grundlegende Erfahrung in der entsprechend sensiblen Phase des Tieres ist mehr als die halbe Strecke auf dem Weg zu einem gut erzogenen Hund.

Schritt 2: Unangekündigte Richtungswechsel In die täglichen Erziehungsspaziergänge sollten Sie möglichst viele unangekündigte Richtungswechsel einbauen. Laufen Sie vor und zurück und im Zickzack.
Angenommen, Sie haben unseren Rat beherzigt und sind mit Ihrem Vierbeiner in unbekanntes Gebiet gefahren. Ihr Welpe läuft frei oder an der langen Leine, die über den Boden

schleift. Bereits nach wenigen Schritten drehen Sie sich vom Hund weg und bewegen sich in die entgegengesetzte Richtung.

Wichtig ist hier Ihre Beobachtungsgabe, um im richtigen Moment entsprechend zu reagieren. Das bedeutet für Sie, daß Sie den Welpen in jedem Fall beobachten, während Sie sich von ihm wegbewegen.

Optimal ist es, den Welpen erst dann zu rufen, wenn er bemerkt hat, daß Sie in eine andere Richtung weitergelaufen sind, und umdreht, um zu Ihnen zu kommen. So lernt der Hund, daß er keinesfalls jedesmal eine Standortmeldung von Ihnen bekommt, wenn Sie in eine andere Richtung laufen möchten. Er lernt, daß er aufpassen muß, wo Sie hinlaufen. Ein weiterer wichtiger Aspekt ist, daß Sie den Hund erfolgreich gerufen haben. Jeder nur halbwegs normal entwickelte Welpe, der nicht schon seit Wochen die Erfahrung gemacht hat, daß er es sich leisten kann, seine Meute zu ignorieren, wird sofort die Nähe des Rudels aufsuchen wollen.

Sobald Sie sehen, daß der Welpe zu Ihnen unterwegs ist, gehen Sie in die Hocke und rufen so freudig wie möglich (eventuell zusätzlich pfeifen). Ist der Hund bei Ihnen angekommen, fassen Sie ihn wie beschrieben am Halsband, geben ihm sein Leckerchen und knuddeln ihn kurz und freundlich. Mit dem Hörzeichen **LAUF** geben Sie ihn frei, und weiter geht's.

Wer im Welpenalter eifrig übt, hat später einen Hund, der zuverlässig gehorcht.

Diese Richtungwechsel sollten möglichst oft stattfinden. Drei- bis viermal pro Spaziergang sind keinesfalls ausreichend. Zirka zwanzigmal sollten Sie die Übung schon machen. Bedenken Sie: zwanzigmal am Tag erfolgreich gerufen bedeutet, zwanzigmal am Tag vermittelt, daß der Hund auf Sie achten muß und nicht umgekehrt.

Wie bereits erwähnt: Optimalerweise sollten Sie den Hund nicht rufen, um ihm mitzuteilen, daß Sie die Richtung zu ändern gedenken, sondern erst, wenn Sie bemerken, daß der Hund Ihr Fehlen bemerkt hat.

Sind Sie jedoch unsicher, weil der Hund jetzt schon gar zu lange nicht mehr nach Ihnen schaut, nachdem Sie die Richtung geändert haben, so sollten Sie ihn selbstverständlich rufen. Bewegen Sie sich beim Rufen vom Hund weg, so wird sein Drang, doch zu Ihnen zu kommen, wesentlich größer sein. Haben Sie einen Welpen, der zwar Ihre Richtungswechsel mitvollzieht, jedoch an Ihnen vorbeischießt und gar nicht daran denkt heranzukommen, sollten Sie erneut schnell von ihm weglaufen und es, sobald Sie bemerken, daß er Ihnen folgt, erneut versuchen: in die Hocke gehen und locken.

Bei vielen Welpen reicht dies aus, bei einigen nicht. In solchen Fällen empfehlen wir, die Schleppleine einzusetzen und damit nachzuhelfen. Hier müssen Sie reaktionsschnell sein. Greifen Sie die Leine, oder treten Sie darauf, wenn Sie bemerken, daß der Hund auf Ihrer Höhe ist, jedoch an Ihnen vorbeilaufen will. Rufen Sie ihn dann erneut und holen ihn mit Hilfe der Leine ganz nah zu sich heran. Für solche Welpen ist es besonders wichtig, daß sie bei absolut jedem Herankommen am Halsband gefaßt und dann in der üblichen Weise belohnt werden. Denn der Grund für die mangelnde Bereitschaft, ganz nah zu kommen, ist sehr häufig der, daß der Hund schon begriffen hat, daß sich zu nahes Herankommen nicht lohnt, weil dies den Abbruch seiner Freiheit bedeutet. Es gilt nun, dieses Erleben des Hundes neu zu besetzen, damit er es nicht mehr als negativ empfindet, ganz nah heranzukommen und dabei angefaßt zu werden.

Die junge Tervueren-Hündin ist aufmerksam bei der Sache.

Kommen auf Zuruf – Übungen für Welpen

Schritt 3: Versteckspiel

Eine weitere ganz ausgezeichnete Möglichkeit, dem Hund zuverlässiges und freudiges Kommen beizubringen, ist das Versteckspiel.

Auch hier ist eine gute Beobachtungsgabe unerläßlich. Nutzen Sie die Unaufmerksamkeit des Hundes geschickt aus. Sobald der Welpe nicht nach Ihnen schaut, springen Sie hinter den nächstbesten Baum, Holzstoß o.ä. Sie müssen jedoch noch die Möglichkeit haben, den Welpen zu beobachten. Die meisten Welpen merken sehr schnell, daß sie plötzlich alleine dastehen, und suchen kreisend nach ihrem Rudel. Lassen Sie den Welpen ruhig kurze Zeit suchen. So lernt er, daß es für ihn äußerst unangenehme Konsequenzen hat, wenn er nicht nach Ihnen schaut. Dann rufen Sie den Hund, möglichst soll er Sie „finden". Fällt ihm dies zu schwer, treten Sie aus Ihrem Versteck und helfen ihm so bei der Suche. Das Wiedersehen erfolgt selbstverständlich überschwenglich und mit Belohnung.

Reagiert Ihr Welpe zu kopflos, sobald er den „Verlust" bemerkt, müssen Sie natürlich sofort aus Ihrem Versteck kommen. Das gleiche gilt auch, wenn Sie das Gefühl haben, daß es den Hund überhaupt nicht interessiert, daß Sie weg sind. Dies kommt bei jungen Welpen jedoch höchst selten vor und ist in der Regel ein untrügliches Zeichen dafür, daß in der Mensch-

Das Versteckspiel – ein ausgezeichnetes Aufmerksamkeitstraining.

Hund-Beziehung etwas nicht stimmt. Leistet sich Ihr Welpe bereits so viel Ignoranz, daß er Sie nicht mehr sucht, müssen Sie mit der Schleppleine arbeiten, so wie es im entsprechenden Kapitel für erwachsene Hunde beschrieben ist.

Es mag für Sie leichter erscheinen, den Hund ständig an der Flexileine zu führen, doch der Begriff der „modernen Kettenhundhaltung", wie er für „Flexileinenhunde" in einer bekannten Hundezeitschrift geprägt wurde, sollte abschreckend genug sein: Dies ist eine Zumutung für den Hund.

Sie werden merken, daß Ihr Welpe Ihnen nach einigen erfolgreichen Versteckspielen gar nicht mehr die Möglichkeit läßt, sich zu verstecken. Schließlich hat er etwas gelernt. Auch das Versteckspiel sollte keinesfalls eine einmalige Angelegenheit bleiben. Nutzen Sie die erzieherische Wirkung des Versteckspiels beim Welpen regelmäßig auf jedem Erziehungsspaziergang.

> **Achtung**
> Bei allen diesen Übungen dürfen Sie die notwendige Umweltsozialisation nicht vergessen! Das heißt, Sie sollten zusätzlich noch einmal täglich dort spazierengehen, wo Ihr Welpe auf andere Leute und Hunde trifft. Machen Sie nicht den Fehler, die oben genannten Übungen zu früh unter Ablenkung auszuführen. Sonst lernt Ihr Hund womöglich nur, daß er angesichts anderer Hunde nicht auf Sie achten muß!

Schritt 4: KOMM mit Hilfsperson

Ein weiteres gewinnbringendes Erziehungsspiel kann mit Hilfe einer zweiten Person durchgeführt werden. Um den Hund hier nicht in einen Konflikt zu stürzen, sollte es sich bei dieser Hilfsperson nicht um eine weitere enge Bezugsperson des Hundes handeln. Zum Beispiel könnte Ihnen ein Freund behilflich sein.

Sie befinden sich erneut in fremder Umgebung auf einem Erziehungsspaziergang. Ablenkung durch andere Hunde sollte nicht vorhanden sein. Bitten Sie die Hilfsperson, den Hund festzuhalten, ohne jedoch irgendwelche Hörzeichen zu geben und ohne den Hund anzusprechen.

Entfernen Sie sich schnellen Schrittes vom Hund. Rufen Sie ihn dabei freudig. Sie können zusätzlich sein Lieblingsspielzeug in der Hand halten und, während Sie weggehen, damit winken. Wichtig ist, daß Sie beim Weglaufen so interessant wie möglich für den Hund sind.

Haben Sie das Gefühl, daß der Hund freudig erregt zu Ihnen möchte, so geben Sie Ihrer Hilfsperson ein Zeichen, den Hund loszulassen, und rufen ihn freundlich. Bei Ihnen angekommen, wird er belohnt durch Leckerchen und/oder kurzes spannendes Spiel. Diese Übung kann nur durchgeführt werden, wenn sich der Hund genügend für seinen sich entfernenden Besitzer interessiert, was bei einem jungen Welpen eigentlich die Regel ist bzw. sein sollte.

Motiviert und fröhlich – üben macht Spaß.

ÜBUNGSPLAN »KOMM« FÜR WELPEN

	Wie wird's gemacht?	Wo?	Wie oft üben?	Hilfe, es klappt nicht!	Lernziel
Schritt 1	Erziehungsspaziergang in fremder Umgebung. Mit dem Auto von zu Hause wegfahren, zehn bis zwanzig Minuten spazierengehen.	Unübersichtliches Gelände (für Welpen) wählen: bewaldet, hügelig, keine großen offenen Flächen, möglichst wenig Ablenkung durch andere Hunde und Menschen.	Mindestens einmal täglich, ca. drei bis vier Wochen.	Richtungswechsel mit Schleppleine üben, bis Sie größere Sicherheit haben.	Der Welpe orientiert sich an Ihnen.
Schritt 2	**Richtungswechsel** Sobald der Welpe zu weit vorausläuft (mehr als 10 m), kehren Sie um oder wählen einen anderen Weg an einer Kreuzung – ohne zu rufen! Wenn der Welpe Richtungswechsel mitvollzieht, rufen Sie ihn, wenn er gerade auf Sie zuläuft. In die Hocke gehen, rufen. Wenn Welpe ankommt, Leckerchen geben, gleichzeitig am Halsband festhalten und loben, loben, loben. Dann mit **LAUF** wieder weglassen.	Wie bei Schritt 1.	Bei jeder Gelegenheit, mindestens zwanzigmal täglich.	Sehr unwahrscheinlich bei Welpen unter zwölf Wochen. Wenn doch, an Schleppleine nehmen! Evtl. schon mit Übungen für Junghunde beginnen (bei frühreifen Welpen).	Der Welpe hält einen ungefähren Radius von 10 m um Sie herum ein!
Schritt 3	**Versteckspiel** Sobald der Welpe nicht auf Sie achtet, springen Sie hinter einen Baum, Holzstapel o. ä. Findet er Sie, loben und weitergehen.	Im Wald oder auf Feldwegen – immer noch ohne große Ablenkung.	Bei JEDER Gelegenheit. Wenn Sie es richtig machen, haben Sie nach einigen Tagen kaum noch Gelegenheit, sich zu verstecken.	Unbedingt Haltung und Bindung des Welpen überprüfen! Evtl. fachmännische Hilfe aufsuchen.	Der Welpe achtet immer mit einem Ohr und Auge auf Sie.
Schritt 4	**KOMM** mit Hilfsperson. Eine Hilfsperson (kein Familienmitglied) hält den Welpen am Halsband fest, ohne ihn weiter zu beachten. Sie entfernen sich und rufen ihn dabei aufgeregt und freudig. Wenn Sie einige Meter weg sind (je nach Alter des Welpen steigern) und Ihr Hund zu Ihnen möchte, läßt die Hilfsperson den Hund los. Sie rufen ihn und empfangen ihn wie gewohnt.	Ohne Ablenkung!	Mehrmals wöchentlich.	Wie bei Schritt 3.	Der Welpe lernt, schnell zu Ihnen zu kommen.

Diese Welpe gehorcht bereits sehr gut.

ÜBUNGEN FÜR JUNGHUNDE UND ERWACHSENE HUNDE

Die Arbeit mit der Schleppleine

Die Schleppleine ist eine 5 bis 10 m lange Schnur mit einem stabilen Karabiner am Ende (im Zoofachhandel erhältlich).

Was ist eine Schleppleine?

Die Leine sollte aus einem Kunststoffseil (Polypropylen) bestehen und nicht zu dick sein (für Welpen oder kleine bis mittelgroße Rassen max. 6 mm Durchmesser, sonst 8 bis 10 mm). Andere Materialien wie Baumwolle oder Leder sind zu empfindlich oder zu pflegeintensiv, um haltbar zu bleiben. Die Schleppleine darf auch für kleine oder sehr junge Hunde nicht zu schwer sein, damit der Hund sich der Leine möglichst wenig bewußt ist. Eine Flexileine ist daher völlig ungeeignet, da der Hund hier immer weiß, ob Sie ihn an der Leine haben oder nicht! Abgesehen davon lernt der Hund an der Flexileine lediglich, daß er ziehen muß, wenn er schneller laufen will!

Wann wird sie eingesetzt?

- Ihr Hund kommt nicht, wenn Sie ihn rufen.
- Er verfolgt Jogger, Fahrradfahrer, Autos etc. oder belästigt fremde Personen.
- Sie können Ihren Hund nicht greifen, da er immer wieder wegspringt.
- Der Hund verläßt Sie bei Spaziergängen regelmäßig, um eigene Wege (auch ohne Jagdverhalten) zu gehen.
- Er wildert bereits seit mehreren Wochen oder sucht intensiv nach Wild und/oder Spuren, um auf die Jagd zu gehen.
- Der Hund hat bereits Beutebestätigung erfahren, d. h., es ist ihm gelungen, ein Tier zu fangen.
- Unsere Erfahrungen in der Hundeschule zeigen, daß bei der Erziehung von Junghunden oder erwachsenen Hunden in den seltensten Fällen auf die Schleppleine verzichtet werden kann.

Startklar zur Arbeit mt der 5-m-Leine.

Grundsätze bei der Arbeit mit Schleppleine

Die Arbeit mit der Schleppleine ist außerordentlich erfolgreich, wenn Sie genügend Geduld und Konsequenz aufbringen. Wenn Sie Zweifel haben, die nötige Ausdauer aufzubringen, dann fangen Sie gar nicht erst an. Leider gehen Sie damit aber auch das Risiko ein, daß Ihr Hund beim Wildern oder Streunen erschossen oder angefahren wird.
Den Hinweis, die Schleppleine immer zu benutzen, nehmen

Sie bitte wörtlich. Immer heißt, sobald Sie mit dem Hund Ihre Wohnung verlassen, z. B. auch beim Freispiel mit anderen Hunden, beim Sonntagsspaziergang, im eigenen Garten usw. Gehen Sie auf keinen Fall zu schnell vor. Ein ausgeprägtes Verhalten wie Streunen oder Weglaufen, das gleichzeitig so extrem selbstbelohnend für den Hund ist, kann nicht in ein paar Tagen geändert werden. Einige Wochen sind das Minimum.

Allein die Arbeit mit der Schleppleine führt nicht zum gewünschten Erfolg. Intensives Gehorsamstraining, häufiges Spielen zur Verstärkung der Bindung sowie die Beachtung der anderen Punkte des Handbuches sind außerdem unbedingt nötig, um den gewünschten Erfolg herbeizuführen.

Übungsaufbau für Hunde, die Radfahrer hetzen (Seite 89).

Schritt 1: Arbeit an der 5-m-Leine

Halten Sie die Leine aufgewickelt in der linken, die Endschlaufe der Leine in der rechten Hand, so daß der Hund etwa einen Spielraum von maximal einem halben Meter hat. Ausnahmsweise ist das Ziehen an der Leine erlaubt.

Nachdem der Hund einige Meter nach vorne gezogen hat, geben Sie die aufgewickelte Leine in der linken Hand frei. Lassen Sie sie einfach fallen, und entfernen Sie sich sehr schnell in die entgegengesetzte Richtung von Ihrem Hund. Der Hund wird zu Beginn dieser Übung nicht auf Ihre Wendung achten und erhält so am Ende der Leine einen Ruck. Sollte er nach drei oder vier Wiederholungen dieser Übung immer noch nicht auf Ihre Wendung achten, rennen Sie weg von ihm. Diese Übung wiederholen Sie so oft, bis der Hund über einige Tage hinweg zuverlässig jeden Ihrer abrupten Richtungswechsel mitvollzieht, ohne daß er dabei in das Ende der Leine läuft. Üben Sie mindestens fünf bis sechsmal täglich. Steigern Sie die Ablenkung dabei schrittweise. In dieser Phase darf der Hund keinesfalls ohne lange Leine laufen, auch nicht im Garten oder auf der Spielwiese.

Sobald der Hund durch diese Übung eine so gute Fixierung zeigt, daß er direkt nach Ihrer Körperwendung Kontakt zu

Gehen Sie mit der aufgewickelten Leine los.

Lassen Sie den aufgewickelten Teil der Leine fallen (Schlaufe in der Hand behalten), und entfernen Sie sich schnell von Ihrem Hund.

Übungen für Hunde, die Radfahrer oder Jogger hetzen

Ihnen aufnimmt, belohnen Sie ihn mit Leckerchen und freudiger Stimme. Auf seine Verunsicherung durch den schnellen Richtungswechsel folgt Sicherheit und Lob bei Ihnen.

Ihr Hund sollte prinzipiell soweit sein, daß er ohne Ablenkung Ihre Körperwendung mitvollzieht, ohne einen Ruck zu erhalten. Nun benötigen Sie eine oder besser mehrere Hilfspersonen (keine Familienmitglieder).

Suchen Sie sich eine möglichst realistische örtliche Gelegenheit, ohne jedoch andere Personen zu gefährden. Bereiten Sie nun die 5-m-Übung vor, und gehen Sie los. Ihre Hilfsperson sollte nun entweder auf Sie zu joggen oder von hinten an Ihnen auf dem Fahrrad vorbeifahren, je nachdem, auf was der Hund reagiert.

Sobald die Hilfsperson weit genug entfernt ist (mehr als 5 m, um Unfälle zu vermeiden), lassen Sie Ihre Leine fallen und gehen in die entgegengesetzte Richtung davon. Läßt sich Ihr Hund nach einigen Übungen dieser Art nicht beeindrucken, müssen Sie eventuell (nur bei erwachsenen Hunden)

Der Hund kommt hinterher, nimmt Körperkontakt auf und wird belohnt.

wegrennen, damit der Hund einen stärkeren Ruck erhält. Normalerweise wird es nötig sein, die Übung mit möglichst vielen wechselnden Hilfspersonen an verschiedenen Orten zu wiederholen. Klappt es mit Hilfspersonen gut, können Sie den Ernstfall wagen, müssen aber auch hier selbstverständlich immer einen Sicherheitsabstand einhalten, damit niemand gefährdet wird.

Schritt 2: Arbeit an der 10-m-Leine

Sobald die Übung an der aufgewickelten Leine Erfolg zeigt – Erfolg heißt, der Hund vollzieht Körperwendungen auch unter Ablenkung mit, ohne daß er in das Ende der Leine rennt –,

Jetzt ist der richtige Zeitpunkt für einen Richtungswechsel.

können Sie zur 10-m-Schleppleine übergehen. Sie darf am Boden schleifen.
Achten Sie darauf, daß der Hund sich nicht zu weit entfernt. Sobald das Leinenende an Ihrem Fuß ankommt, wechseln Sie sofort die Richtung. Gehen Sie nicht zu schnell vor. Die am Boden schleifende Schleppleine können Sie sich erst leisten, wenn der Hund durch die anfangs beschriebene Übung gelernt hat, daß er nach Ihnen schauen muß, und zwar auch unter Ablenkung.
Sind Sie soweit, daß Sie mit hängender Schleppleine spazierengehen können, ist der Weg zu einem zuverlässig herankommenden Hund nicht mehr weit. Ab sofort gelten dann alle allgemeinen Regeln für das Kommen auf Zuruf (siehe Seite 93). Lesen Sie bitte an der entsprechenden Stelle nochmals nach, bevor Sie die nächsten Schritte unternehmen.
Das Schleppleinentraining sollte beim erwachsenen Hund durch eine Konditionierung auf die Wurfkette (siehe Seite 99) ergänzt werden. Zuvor sollte der Hund jedoch Gelegenheit haben, das Kommen positiv zu besetzen. Die Verunsicherung

Sobald der Hund auch unter Ablenkung aufmerksam ist, können Sie zur 10-m-Leine wechseln.

Reagiert der Hund nicht auf Ihren Ruf, entfernen Sie sich schnell, bis der Hund zu Ihnen kommt.

Hier wäre ein deutliches Abwenden des Menschen zweckmäßiger.

durch das 5-m-Leinen-Training sollte bereits wie beschrieben erfolgreich durchgeführt worden sein, ebenso die Belohnung des Hundes dafür, daß er hierbei eine starke Fixierung auf seinen Menschen zeigt.

Wir warnen davor, das Wurfkettentraining zu früh durchzuführen, da der Hund dann mit großer Sicherheit ein starkes Meideverhalten gegenüber seinem Besitzer zeigen wird. Dies gilt auch für Hunde, die überwiegend im Zwinger, Garten o.ä. untergebracht sind. Bei mangelnder Bindung ist Meideverhalten fast vorprogrammiert. Die Kontaktaufnahme des Hundes mit seinem Besitzer muß für den Hund systematisch positiv besetzt worden sein.

Reagiert der Hund auf Ihr Rufen nicht, nehmen Sie die Schleppleine auf, und entfernen Sie sich schnell von ihm. Folgt er Ihnen, bleiben Sie stehen und loben ihn. Klappt dies alles, können Sie die Ablenkung langsam steigern (z.B. der Hund schnuppert, buddelt etc.)

Wie lange wird die Schleppleine verwendet?

Sie müssen viel Zeit und Geduld aufbringen, wenn Sie mit der Schleppleinenarbeit Erfolg haben wollen. Die wichtigste Voraussetzung ist, daß der Hund die Schleppleine immer trägt und möglichst keine Erfolgserlebnisse im „Entkommen" hat, ganz gleich aus welchem Grund er das Weite sucht! Je nach Vorerfahrung müssen Sie hierbei mit einigen Wochen bis Monaten rechnen!

Sind Sie nach einigen Wochen dann soweit, daß Sie Ihren Hund mit Schleppleine aus jeder Situation heraus rufen können, ohne daß Sie sie einsetzen müssen, können Sie dazu übergehen, die Leine langsam zu kürzen. Das bedeutet, Sie schneiden Woche für Woche ca. 50 cm von der Leine ab. Bitte lassen Sie sich nicht verleiten, schneller vorzugehen oder die Leine gar auf einmal abzunehmen. Das Kürzen der Leine muß für den Hund völlig unmerklich sein.

Denn ein Vorfall ohne Leine, bei dem der Hund merkt, daß er doch wieder „frei" ist, und Sie können von vorne anfangen! Sind sie bei ca. einem Meter angekommen, bleibt dieser Rest für einige weitere Monate am Halsband. Erst dann können Sie auch diesen letzten Schnipsel abnehmen. Sollte Ihr Hund früher Beutebestätigung erfahren haben, empfiehlt es sich, entweder diesen letzten Meter dran zu lassen oder an ein ca. 30 cm langes Reststück eine Feder (Federwaage/-spirale o.ä.) zu befestigen. Dies vermittelt dem Hund das Gefühl, daß er noch immer die lange Leine trägt.

Belohnungsspiel am Ende der Übung. Bitte achten Sie darauf, daß Sie am Ende gewinnen.

Hat Ihr Hund bereits gewildert – ob mit oder ohne Jagderfolg, ist bedeutungslos –, müssen Sie ab sofort einen Großteil Ihrer Gehorsamsübungen in oder neben einen Wildpark verlegen. Wildgeruch soll für Ihren Hund alltäglich werden. Außerdem soll ihm dadurch klar werden, daß er Hörzeichen auch bei dem Anblick oder Geruch von Wild befolgen muß. Natürlich trainieren Sie in den ersten Wochen dort nur mit Leine.

Sollte Ihr Hund bereits Beutebestätigung erfahren haben, werden Sie höchstwahrscheinlich mit den beschriebenen Übungen keinen 100%igen Erfolg haben. Suchen Sie fachmännische Hilfe.

REGELN FÜR DAS KOMMEN AUF ZURUF

Immer ein Leckerchen

Ab sofort bekommt Ihr Hund immer ein Leckerchen, wenn er auf Ihren Ruf reagiert. Der richtige Zeitpunkt, um mit den Leckerchen als Belohnung für das Herankommen weitestgehend aufzuhören, ist dann, wenn Sie mit dem Verhalten des Hundes in jeder Lage zufrieden sind. Doch auch dann bauen Sie die Belohnung nicht gänzlich ab, sondern geben weiterhin gelegentlich noch ein Leckerchen. Dies hält die Erwartungshaltung Ihres Hundes aufrecht.

Herankommen muß immer positiv sein

Niemals darf das Herankommen für den Hund negativ sein, egal was er vorher angestellt hat, egal wie oft Sie ihn rufen mußten. Sobald er einen Schritt in Ihre Richtung gemacht hat, muß er ein Leckerchen bekommen. Schreie, Schläge, Schimpfen oder sonstige für den Hund negative Reaktionen sind absolut tabu.

Rufen Sie Ihren Hund nicht nur zum Anleinen.

Nicht nur zum Anleinen rufen	Achten Sie darauf, Ihren Hund nicht nur dann heranzurufen, wenn Sie ihn anleinen müssen. Dies ist für den Hund vollkommen unattraktiv und lehrt ihn, daß der Spaß vorbei ist, sobald Ihr Rufen ertönt. Der Hund lernt so, Sie zu meiden. Rufen Sie Ihren Hund aus äußeren Zwängen heraus heran, um ihn anzuleinen, muß er, bevor der Leinenklick ertönt, unbedingt ausführlich gelobt werden und das obligatorische Leckerchen erhalten.
Kein Hörzeichen SITZ entgegenrufen	Sind Sie schon soweit, daß der Hund sich auf Ihren Ruf auf Sie zubewegt, rufen Sie ihm keinesfalls ein **SITZ** entgegen. Dies betrachtet der Hund nicht als Belohnung, sondern als Einschränkung. Er wird wiederum versuchen, Sie zu meiden, sobald Ihr Ruf ertönt.
Nie aussichtslos rufen	Soweit es sich vermeiden läßt, soll der Hund nicht aus Situationen herangerufen werden, in denen Sie als Besitzer erfahrungsgemäß wissen, daß er ohnehin nicht kommt. Er lernt so genau das Gegenteil von dem, was Sie sich wünschen: Er lernt, Sie zu ignorieren.
Nie hinterherrennen	Rennen Sie Ihrem Hund nicht hinterher, wenn er auf Ihr Zurufen nicht reagiert. Er faßt dies als lustiges Rennspiel auf. Entfernen Sie sich möglichst schnell von ihm in die entgegengesetzte Richtung. Sobald er Ihnen hinterherläuft, rufen Sie ihn freudig und belohnen ihn.
Spaziergänge in reizarmer Umgebung	Begeben Sie sich in den ersten Trainingswochen einmal täglich beim Spaziergang mit Ihrem Hund in eine möglichst reizarme Umgebung. Hier lassen Sie ihn frei (ggf. natürlich an der Schleppleine) laufen. Reagiert er nicht auf Ihr Rufen, bewegen Sie sich von ihm weg (siehe oben).
Situationen geschickt ausnutzen	Beobachten Sie den Hund bei diesen Spaziergängen intensiv und aufmerksam: Läuft er ohnehin gerade auf Sie zu, so rufen Sie ihn (immer) und belohnen ihn. Das gilt auch für Situationen, in denen der Hund wenig abgelenkt ist und Sie erfahrungsgemäß wissen, daß er auf Ihr Rufen reagiert. Reagiert er nicht, bewegen Sie sich wie oben angegeben von ihm weg. Sobald er auf Sie zuläuft, rufen und belohnen Sie ihn.

ÜBUNGSPLAN »SCHLEPPLEINENTRAINING«

	Wie wird's gemacht?	Wo?	Wie oft üben?	Hilfe, es klappt nicht!	Lernziel
Schritt 1	Arbeit an der 5-m-Leine. Der Hund muß ein breites Halsband tragen (keine Kette, Zughalsband etc.). 5-m-Leine aufwickeln. Aufgewickelte Leine in eine Hand nehmen, Schlaufe in die andere. Einige Meter loslaufen, abwarten, bis Hund zieht oder unaufmerksam ist. Aufgewickelte Leine loslassen und schnell in die entgegengesetzte Richtung laufen. Wenn Hund hinterherkommt, stehenbleiben, Hund loben und Leckerchen geben (aber nur, wenn er zu Ihnen kommt und nicht an Ihnen vorbeiläuft).	Zu Hause im Garten oder draußen ohne Ablenkung.	Mindestens fünf- bis sechsmal täglich. Sobald Ihr Hund keinen Ruck mehr erhält, die Wendungen also sofort mitvollzieht, können Sie die Ablenkung langsam steigern. Ca. ein bis zwei Wochen.	Unbedingt Übungen auf zehn- bis zwanzigmal täglich steigern! Bei starker Ignoranz des Hundes Kapitel „Manipulationsverhalten" beachten und Futter reduzieren.	Der Hund orientiert sich an Ihnen und vollzieht Richtungswechsel mit.
Schritt 2	Zur 10-m-Leine wechseln, wenn es an der 5-m-Leine wirklich gut klappt. Sie können dann ohne Ablenkung die Leine schleifen lassen, jedoch nur, wenn der Hund den Radius von 10 m gut einhält. Ansonsten die Leine in der Hand behalten, häufige Richtungswechsel einbauen und zwischendurch immer wieder an der 5-m-Leine üben.	Bei jedem Spaziergang!	Bei jeder Gelegenheit, der Hund darf NIE ohne Schleppleine laufen! Mehrere Wochen.	Sie sind zu schnell vorgegangen! Schritt 1 wiederholen.	Der Hund hält einen ungefähren Radius von 10 m um Sie herum ein.
Schritt 3	Rufen, auch unter Ablenkung. Rufen Sie Ihren Hund (nachdem Sie die Schleppleine aufgenommen haben oder mit dem Fuß darauf getreten sind). Wenn er nicht sofort kommt, rennen Sie mit der Schleppleine in die entgegengesetzte Richtung. Lob und Leckerchen nicht vergessen!	Bei jeder Gelegenheit, auch unter Ablenkung.	Täglich mindestens zwanzigmal. Mehrere Wochen.	Wenn Sie die vorherigen Schritte gewissenhaft beachtet haben, zum Wurfkettentraining übergehen.	Der Hund läßt sich auch bei mittlerer Ablenkung rufen.
Schritt 4	Nach abgeschlossenem Wurfkettentraining beginnen Sie, die Schleppleine langsam zu verkürzen (wöchentlich maximal 50 cm!). Nehmen Sie sie auf keinen Fall einfach ab! Dies gilt nur, wenn Sie Ihren Hund aus wirklich jeder Situation heraus rufen können (notfalls mit Hilfe der Wurfkette). Klappt das noch nicht, d.h., Sie müssen die Schleppleine hin und wieder benutzen, dürfen Sie sie auch noch nicht kürzer schneiden.	Bei jeder Gelegenheit.	Täglich mindestens zwanzigmal. Falls Ihr Hund gerade in der Pubertät ist, Ende der Pubertät abwarten, bevor Sie mit dem Kürzen beginnen.	Sie sind zu schnell vorgegangen. Zurück zu Schritt 2.	Sie können Ihren Hund auch aus schwiergen Situationen heraus rufen.

TYPISCHE FEHLER VERMEIDEN

Strafe bei bei verspätetem Herankommen

Absolut tabu ist es, den Hund zu strafen, wenn er in irgendeiner Situation nicht beim ersten Rufen reagiert. Ob der Hund kommt oder nicht, hat auch etwas mit Vertrauen zu tun. Erfährt der Hund, daß er womöglich einen Klaps bekommt, ist dies erstens ein Vertrauensbruch und zweitens erzieherisch völlig unsinnig.

Hunde kennen kein schlechtes Gewissen. Der Hund ist nicht in der Lage, Ihren Ärger mit seinem vorherigen „Nichthören" zu verknüpfen – er verbindet den Tadel (bei sensiblen Hunden reicht hier auch Schimpfen aus, um sie zu verunsichern) mit seinem Kommen. Es kann auch durchaus sein, daß Sie ihn noch nie bestraft haben und Ihr Hund bei seinem erstmaligen verspäteten Herankommen auf einmal ein vermeintlich „schlechtes Gewissen" zeigt. Er legt sich auf den Bauch, nimmt eine unterwürfige Haltung ein usw. Viele Menschen sind nun davon überzeugt, daß er ein „schlechtes Gewissen" zeigt. Dies ist jedoch nicht der Fall. Der Hund reagiert lediglich auf Ihren Ärger, den er problemlos an Ihrer Haltung, Ihrem Geruch und Ihrer Stimme erkennt. Er möchte mit dieser Demutsgeste Ihren Ärger beschwichtigen! Reagieren Sie nun trotzdem ärgerlich (sei es durch einen Klaps, sei es durch Schimpfen), verhalten Sie sich in den Augen des Hundes völlig inadäquat! Kein ranghöherer Hund würde so reagieren, und Ihr Hund verliert damit ein Stück Vertrauen in Sie.

Strafen Sie Ihn nie, wenn er kommt.

Den Hund nur zum Anleinen rufen

Beherzigen Sie die bislang gegebenen Ratschläge, kommen Sie eigentlich gar nicht in die Verlegenheit, den Hund nur zu rufen, um ihn anzuleinen. Schließlich haben Sie auf jedem Erziehungsspaziergang mindestens zwanzigmal die Gelegenheit, den Hund bei Richtungswechsel, Versteckspiel usw. erfolgreich zu rufen, ohne ihn anzuleinen. Ein Hund, der die Erfahrung macht, daß er nur gerufen wird, um an die Leine zu müssen, kommt entsprechend unwillig bzw. in der Regel gar nicht. Müssen Sie Ihren Hund anleinen, dann legen Sie zwischen Rufen und Anleinen ein besonders ausführliches Lob und ein kurzes Spiel ein!

Aussichtsloses Rufen

Vermeiden Sie es, Ihren Hund aussichtslos zu rufen. Sonst lernt er, Sie zu ignorieren und Ihre Hörzeichen erst recht. Ist

Ihr Hund ins Spiel vertieft, so passen Sie einen Moment ab, in dem die Hunde eine kurze Pause einlegen, und rufen erst dann, mit möglichst einladender, vielversprechender Stimme. Hat Ihr Hund auf den täglichen Erziehungsspaziergängen gelernt, daß es sich lohnt, zu Ihnen zu kommen, wird es Ihnen bald auch unter Ablenkung immer leichter fallen, den Hund heranzurufen.

Ständiges Rufen

Manche Hundebesitzer neigen meist aus Unsicherheit dazu, Ihren Hund ständig zu rufen. Vermeiden Sie dies unbedingt. Denn es bedeutet sonst für den Hund nichts weiter als eine bloße Standortmeldung mit folgendem Inhalt: „Hallo, hier bin ich, du brauchst nicht nach mir zu suchen!" Ein Hund, der ständig gerufen wird, wird in der Regel sehr oft erfolglos gerufen. Dies hinterläßt in jedem Fall seine Spuren.

Loben Sie Ihren Hund, und spielen Sie mit ihm, bevor Sie ihn anleinen.

Spaziergänge mit unerzogenen Hunden

Gerade Welpen, aber auch ältere Hunde lernen sehr viel von anderen Hunden. Dies wird dann zum Problem, wenn es sich um Verhaltensweisen handelt, die Ihren Erziehungszielen entgegenstehen. Die Wahrscheinlichkeit, daß sich Ihr Hund an dem unerzogenen Hund, der nicht auf Zuruf reagiert, stärker orientiert als an Ihnen, ist sehr hoch. Entsprechend sollten Sie Spaziergänge mit solchen Vierbeinern und Ihrem Hund vermeiden.

Spaziergänge in wildreichen Gegenden

Gehen Sie kein Risiko ein. Besuche im Wildpark mit dem angeleinten Hund hingegen sind durchaus sinnvoll und notwendig (siehe auch Seite 62).

NICHT VOM WEG ABKOMMEN

Etwas Konsequenz und Fleiß vorausgesetzt, kann jeder Hund lernen, auf dem Weg zu bleiben und nicht in hohen Wiesen oder im Unterholz zu stöbern. Dies hat mehrere entscheidende Vorteile:

- Sie haben Ihren Hund immer im Blick!
- Die Gefahr, daß der Hund Wild aufstöbert, ist wesentlich geringer.
- Wild und andere Tiere werden nicht belästigt.

Idealerweise sind Sie noch im Anfangsstadium des Schleppleinentrainings und können den Hund auf den Weg ziehen. Ohne Schleppleine sollten Sie dieses Training nicht beginnen, da der Hund so womöglich nur lernt, daß Sie sich nicht durchsetzen können.

Jedesmal wenn Ihr Hund den Weg verläßt, sagen Sie **RAUS DA** oder etwas ähnliches. Verwenden Sie aber stets das gleiche Hörzeichen. Sobald der Hund eine Pfote wieder auf den Weg zurücksetzt, loben Sie ihn mit freundlicher Stimme. Der Hund soll also nicht bis zu Ihnen kommen, sondern nur wieder auf den Weg gehen! Reagiert er nicht ausreichend, zeigen Sie ihm, daß auf **RAUS DA** ein Leckerchen auf dem Weg kullert.

Rufen Sie den Hund nicht mit **KOMM** oder seinem Namen. Möchten Sie Ihren Hund einmal auf einer kurzgemähten Wiese spielen lassen, dann erlauben Sie es bitte deutlich mit **LAUF** und einem entsprechenden Sichtzeichen.

Lassen Sie Ihren Hund nicht abseits des Weges stöbern.

DIE WURFKETTE

Positive Verstärkung nicht vergessen

Bevor Sie mit dem Wurfkettentraining beginnen, muß Ihr Hund ohne Ablenkung immer und mit mittlerer Ablenkung wenigstens größtenteils herankommen, ohne daß Sie die Schleppleine einsetzen müssen. Dies bedeutet nicht, daß Sie bereits ohne Schleppleine spazierengehen können. Die Schleppleine sollte am Boden schleifen, und Sie können Ihren Hund in den beschriebenen Situationen erfolgreich heranrufen, ohne daß Sie an derselben ziehen müssen.
Ihr Hund sollte also das Kommen prinzipiell positiv besetzt haben (Leckerchen oder Spiel!). Beachten Sie dies nicht, besteht die Gefahr, daß er Meideverhalten entwickelt.

Hunde lernen auch, nicht zu hören

Leider lernt der Hund nicht nur Hörzeichen zu befolgen, sondern er lernt genauso, Hörzeichen zu ignorieren. Dies ist gerade beim „Kommen auf Zuruf" sehr schnell passiert. Hört der Hund nicht auf **KOMM**, erliegt man als Besitzer sehr schnell der Versuchung, vergebliches Rufen zu bagatellisieren. Der Hund hingegen macht an dieser Stelle einen weiteren Strich auf seiner Liste „Wie ich meinen Menschen austrickse". Man muß sich immer bewußt sein, daß beim vergeblichen Rufen beim Hund ein Lernprozeß abläuft (je jünger der Hund, desto einprägsamer), und entsprechend entgegensteuern.

So wird's gemacht

Mit überlegtem Wurfkettentraining können Sie diesem Prozeß entgegensteuern. Natürlich kann man die Wurfkette nicht bei einem Hund einsetzen, der sich mehrere Meter außerhalb des Einwirkungsbereiches befindet und sich womöglich auch noch schnell bewegt. Deshalb konstruieren Sie für den Anfang zunächst mehrere Situationen, in denen Sie die Wurfkette effektiv und ohne Verletzungsgefahr für IhrenHund einsetzen können. Begeben Sie sich mit dem Hund in reizarme Umgebung. Keinesfalls darf der erste Einsatz erfolgen, wenn andere Hunde beteiligt sind. Der eigene Garten oder abgelegene Spazierwege ohne Wildwechsel bieten sich an. Beim ersten Einsatz sollten Sie mit dem Hund allein sein. Wählen Sie eine Umge-

Aufbau des Wurfkettentrainings
Konditionierung auf das Rasseln

- Der Hund ist an der Schleppleine und läuft maximal 1 bis 2 m vor Ihnen.
- Moment abwarten, in dem der Hund abgelenkt ist (z.B. er schnuppert am Wegesrand oder buddelt).
- Kurz rasseln (eine Sekunde!), dann auf Hinterteil des Hundes oder neben ihn werfen – der Hund soll nicht sehen, woher die Kette kommt!
- Hund erschrickt und wird sofort freudig gerufen. Besonders gutes Leckerchen geben!
- Übung im Laufe von mehreren Tagen an verschiedenen Orten wiederholen (ortsgebundenes Lernen vermeiden!).
- Kehrt der Hund bereits auf das Rasseln hin zu Ihnen um, können Sie davon ausgehen, daß das Lernziel erreicht ist. Nun dürfen Sie natürlich die Kette nicht mehr werfen!
- Reagiert der Hund nicht mehr wie gewünscht auf das Rasseln der Kette, muß eine erneute sorgfältige Konditionierung wie oben beschrieben erfolgen. Achtung: Dies kann bei manchen Hunden (Terrier!) durchaus öfter nötig sein!
- Vorsicht! Rasseln Sie mit der Wurfkette nicht unbeabsichtigt (z.B. in der Tasche) oder inflationär (bei jeder Kleinigkeit), da der Hund entweder abstumpft (sehr wahrscheinlich!) oder nervös wird.

bung mit zuviel Ablenkung, ist die Gefahr der falschen Verknüpfung zu groß. Darüber hinaus wird es Ihnen wahrscheinlich nicht gelingen, den Hund nur dort zu treffen, wo er getroffen werden darf. Beim ersten Einsatz außerhalb des eigenen Gartens darf die größtmögliche Ablenkung für den Hund lediglich in interessanten Gerüchen bestehen.

Sie sind also in Ihrem Garten (hier machen die Hunde im allgemeinen die erste Erfahrung im „Nichtkommen") oder auf einem ruhigen Spazierweg. Beobachten Sie den Hund sehr genau. Haben Sie das Gefühl, er

ist jetzt gerade abgelenkt – im Idealfall sollte er stehend schnuppern –, rufen Sie ihn freundlich, aber bestimmt zu sich heran. Wenn er nicht sofort reagiert, rasseln Sie kurz und werfen ihm die Kette an sein Hinterteil. Sie sollten sich dabei hinter Ihrem Hund befinden, damit er Sie nicht werfen sieht. Beim ersten Mal wird Ihr Hund kurz erschrecken und sich umdrehen. Nun rufen Sie ihn erneut freundlich und aufmunternd und belohnen ihn mit Leckerchen. Zu dem

Zeitpunkt des Wurfes dürfen Sie keinesfalls weiter als maximal 1 bis 2 m entfernt vom Hund stehen. Ansonsten besteht die Gefahr, daß Sie ihn nicht am Hinterteil, sondern am Kopf treffen, was natürlich vermieden werden muß.
Die oben geschilderte Situation konstruieren Sie im Verlauf von einigen Tagen mehrere Male über den Tag verteilt. Spätestens nach dem dritten Wurf wird der Hund auf Ihr erstes Rufen zu Ihnen laufen, und Sie werden damit gar keine Gelegenheit und auch keinen Grund mehr haben, die Wurfkette einzusetzen. Es wird sehr schnell reichen, lediglich mit der Wurfkette zu rasseln, wenn Ihr Hund gerade besonders abgelenkt ist und Ihr Rufen ignoriert. Dies wird schließlich auch unter größerer Ablenkung funktionieren.

Übungsaufbau zum Wurfkettentraining.

Unser Vorteil ist, daß in unserer Vorstellungswelt die Handlung „werfen" vorkommt, in der Vorstellungswelt des Hundes ist dies jedoch nicht der Fall. Das heißt, er weiß nicht, was Sie da tun und auf welche Weise Sie gerade auf ihn einwirken. Er lernt lediglich, daß es unangenehm für ihn ausgehen kann, wenn er Sie ignoriert.

Keine Angst, Sie müssen nicht bis ans Ende aller Tage mit der Wurfkette werfen. Ist die Verknüpfung einmal zuverlässig erfolgt – von dieser Verknüpfung können Sie ausgehen, wenn Sie mit dem Kommen des Hundes in allen Situationen rundherum zufrieden sind –, wird die Wurfkette weitgehend überflüssig. Stecken Sie sie jedoch weiterhin ein, um in einer schwierigen Situation (siehe auch Bekämpfung von Jagd-/Beuteverhalten) verstärkend zum Rufen rasseln können. Achten Sie jedoch darauf, nicht überall mit der Kette in der Tasche zu rasseln. Ihr Hund gewöhnt sich sonst daran, und die Wirkung läßt nach.

Bei sensiblen Hunden beachten

Wenn Sie einen sehr sensiblen Hund haben, sollten Sie beim ersten Einsatz die Kette lediglich neben ihn werfen. Der Schreck reicht hier im allgemeinen völlig aus, um die Tätigkeit, die ihn gerade ablenkt, zu unterbrechen.
Die Wurfkette soll nicht obligatorisch eingesetzt werden. Der Einsatz der Wurfkette soll hier, gerade für Welpen, keinesfalls pauschal vorgeschrieben werden und soll auch nur dann erfolgen, wenn der Hund in gewissen Momenten das Hörzeichen **KOMM** ignoriert, obwohl Sie bisher alle empfohlenen praktischen Übungen zum Kommen auf Zuruf konsequent durchgeführt haben. Geben Sie Ihrem Hund jedoch keine Gelegenheit zu lernen, daß man Hörzeichen links liegenlassen kann.

Ist die Verknüpfung mit der Wurfkette zuverlässig erfolgt, benötigen Sie sie nur noch in schwierigen Situationen.

ÜBUNGSPLAN »WURFKETTENTRAINING«

	Wie wird's gemacht?	Wo?	Wie oft üben?	Hilfe, es klappt nicht!	Lernziel
Schritt 1	**Voraussetzung** Abgeschlossenes Training an der 5- und 10-m-Leine. Hund ist an der Schleppleine, max. 1 bis 2 m vor Ihnen und leicht abgelenkt. Sie rufen ihn leise und freundlich. Er kommt nicht. Sie rasseln kurz und werfen die Kette direkt neben ihn oder zwischen seine Beine. Hund erschrickt. Sie rufen nochmals und locken ihn freundlich zu sich. Lob und Leckerchen!	Ohne große Ablenkung durch andere Hunde und Menschen.	In den ersten Tagen bei jeder Gelegenheit.	Eventuell müssen Sie die Kette bei sturen oder dickfelligen Hunden ans Hinterteil werfen.	Hund erschrickt beim Rasseln und kommt zu Ihnen.
Schritt 2	Sobald der Hund auf das Rasseln hin zu Ihnen kommt, setzen Sie die Wurfkette wie bei Schritt 1 auch unter größerer Ablenkung ein. Der Hund ist aber immer noch in Wurfweite! Kehrt er bereits auf das Rasseln hin um, nicht werfen!	Ablenkung langsam steigern.	Bei jeder Gelegenheit, ca. zwei bis drei Wochen täglich.	Siehe Schritt 1.	Hund kommt!
Schritt 3	Können Sie Ihren Hund auch unter größerer Ablenkung (z.B. fremder Hund) heranrufen, dürfen Sie die Kette auch auf größere Distanz einsetzen, d. h., Sie rasseln lediglich damit.	Überall.	Wie bei Schritt 2.	Reagiert der Hund nicht mehr auf das Rasseln, folgende Fehlerquellen überprüfen: Rasseln Sie oder ein anderes Familienmitglied vielleicht häufig unabsichtlich mit der Kette in der Tasche? Haben Sie die Konditionierung sorgfältig aufgebaut und sind nicht zu schnell vorgegangen? Bei manchen Hunden kann es durchaus sein, daß Sie die Konditionierung häufiger (bis zu einmal wöchentlich) wiederholen müssen!	Sie können Ihren Hund jederzeit erfolgreich rufen!

WOZU SITZ, WOZU PLATZ?

Zuverlässiges Kommen auf Ruf ist sicher der wichtigste Punkt in der Hundeerziehung. Trotzdem sollte man vermeiden, alles andere zu vernachlässigen.

Gerade Übungen wie **SITZ** und **PLATZ** sind hervorragende Gehorsamsübungen, da sie bei sorgfältigem Aufbau sehr gut kontrolliert werden können. Je öfter Sie erfolgreich Hörzeichen geben können, um so besser wird Ihr Hund gehorchen.

Allerdings sind wir der Meinung, daß **SITZ** bzw. **PLATZ** nur dann sinnvoll sind, wenn der Hund lernt, daß er diese Hörzeichen nicht selbst aufheben darf. Ein zwar leidlich ausgeführtes Hörzeichen ist völlig zwecklos, wenn der Hund im nächsten Moment wieder aufspringt.

Selbstverständlich ist Erziehung, die vollständig auf **SITZ** oder **PLATZ** verzichtet, möglich. Das Training gibt Ihnen jedoch die Möglichkeit, sich im richtigen Timing und in der Verstärkung im richtigen Moment zu üben und ein Gefühl für konsequentes Verhalten zu entwickeln. Gleichzeitig geben diese konkreten Übungen die Möglichkeit, Kontrolle über den Hund auszuüben. Damit es sich um tatsächliche Kontrolle handelt, ist auf einen sorgfältigen Aufbau mit langsam steigender Ablenkung zu achten, damit es nicht so endet: „Sitz, Sitz, Sitz, mach endlich Sitz, du sollst jetzt endlich…, ach, mach doch was du willst!"

Platz und Sitz sind sinnvolle Erziehungsübungen.

SITZ

Lernziel

Der Hund soll sich auf ein einmaliges Hör- und/oder Sichtzeichen hin setzen und so lange auch unter Ablenkung sitzenbleiben, bis er die Erlaubnis bekommt, wieder aufzustehen.

Voraussetzungen und Hilfsmittel

SITZ kann bereits der ganz junge Welpe lernen, aber auch jeder ältere Hund ist dazu in der Lage. Selbst wenn Ihr Hund bereits **SITZ** beherrscht, sollten Sie noch einmal ganz von vorne anfangen. Es sei denn, Ihr Hund bleibt auch unter stärkster Ablenkung (Futter oder anderer Hund) zuverlässig sitzen. In den ersten Trainingswochen benötigen Sie Halsband und eine gewöhnliche Leine (ca. 2 m). Danach eine längere Leine (5 bis 10 m), damit Sie den Abstand zum Hund steigern können.

Hör- und Sichtzeichen

SITZ

Als Hörzeichen bietet sich natürlich **SITZ** an. Ausgesprochen wird es freundlich und sehr langgezogen, also **SIIEETZ**. Dies dient zur besseren Unterscheidung zum **PLATZ.**
Als Sichtzeichen hat sich der erhobene Zeigefinger bewährt. Der klassische Weg, dem Hund **SITZ** beizubringen, ist, das Hörzeichen zu geben und ihn gleichzeitig hinten nach unten zu drücken.

Schritt-für-Schritt-Anleitung

Schritt 1: In ablenkungsfreier Umgebung

Wir möchten einen anderen Weg gehen. Wir gehen davon aus, daß der Hund mindestens ca. 8 bis 10 Wochen alt ist. Wir beginnen in reizarmer Umgebung (z.B. zu Hause im Wohnzimmer oder auf einer ruhigen Wiese). Der Hund sollte nicht abgelenkt sein.
Nehmen Sie ein Leckerchen zur Hand – dies sollte möglichst klein sein – und halten es dem Hund über die Nase. Jeder nur halbwegs verfressene Hund wird sich setzen, um Sie und das Leckerchen besser sehen zu können. Just in dem Moment, in dem der Hintern am Boden ankommt, geben Sie das Hör- und Sichtzeichen **SITZ** und das Leckerchen dazu, gleichzeitig loben Sie tüchtig mit der Stimme und geben das Hörzeichen **SITZ.** So lernt der Hund gleich zusätzlich ein weiteres Hörzeichen kennen, welches wir später noch benötigen werden.

Die Vorfreude auf das Leckerchen ist groß. Aber er soll sitzen, nicht hochspringen.

Fehler vermeiden

Ihr Hund mag keine Leckerchen

Hat Ihr Hund kein Interesse an Leckerchen, sollten Sie zum einen dringend die Fütterungssituation kontrollieren. Der Hund darf keinesfalls den ganzen Tag Futter zur freien Verfügung haben, da dies sowohl die Erziehung zur Stubenreinheit als auch die notwendige Futtermotivation in der Erziehung erschwert oder gar unmöglich macht (siehe Seite 37). Außerdem müssen möglichst attraktive Leckerchen gewählt werden. Die meisten Hunde, auch solche die etwas wählerischer sind, lieben Trockenfisch. Probieren Sie es aus!

Mit Spielzeug ausprobieren

Fruchtet dies immer noch nicht, nehmen Sie das Lieblingsspielzeug des Hundes und halten es ihm in der oben beschriebenen Weise über die Nase. Zur Belohnung gibt es wieder Lob, sofortiges Hörzeichen **LAUF** und fröhliches Spiel. Dies sollten Sie mehrere Male am Tag üben, zu Beginn jeweils in reizarmer Umgebung, sprich in der Wohnung oder im Garten, sofern der Hund hier nicht zu sehr abgelenkt ist. Zusätzlich sollten Sie vor jeder Fütterung dem Hund den Napf über den Kopf halten – sobald er sitzt, geben Sie Hör- und Sichtzeichen **LAUF** und stellen zur Belohnung seinen Napf nach unten.

Sitz

Variante 1: Schritt für-Schritt.

SITZ noch nicht verlangen, sondern hervorrufen!

Nochmals zur Verdeutlichung: Ihr Hörzeichen **SITZ** wird am Anfang der Erziehung keinesfalls gegeben, um zu erreichen, daß der Hund sich setzt, sondern wir arbeiten genau umgekehrt. Wir bemühen uns, durch die oben angegebenen Aktionen den Hund zum Sitzen zu bekommen, geben das Hörzeichen aber erst, wenn er auch tatsächlich sitzt. Der Vorteil dieser Methode ist zum einen, daß unnötiger Druck vermieden wird, und zum anderen, daß der Hund nicht die Ersterfahrung macht, Hörzeichen ignorieren zu können. Täuschen Sie sich nicht, der Hund lernt dies tatsächlich, wenn man es falsch anstellt.

Keine vergeblichen Hörzeichen geben!

Bereits bei Welpenbesitzern kann man dieses Verhalten häufig beobachten. Der Welpe erhält das Hörzeichen **SITZ** o.ä. und reagiert nicht. Bei dem Versuch, den Hund nach unten zu drücken, gelingt es diesem womöglich noch, sich zu entziehen, indem er wegläuft. Die Konsequenzen sind wesentlich weitreichender als nur eine verpatzte Übung. Der Hund macht die Ersterfahrung, daß Hörzeichen ignoriert werden können, und wird unter Umständen später mit lebenslanger Leinenpflicht dafür „belohnt".

SITZ – Variante 1
Welpen und Junghunde oder kooperative erwachsene Hunde

- Leckerchen oder Spielzeug über Nase halten.
- Gleichzeitig Sichtzeichen.
- Wenn Hund sitzt, Hörzeichen **SIIEETZ** (NICHT vorher!).
- Sofort loben.
- Wenn Hund aufsteht, Hörzeichen **LAUF**.

Praktische Hundeerziehung

Schritt 2:
Tägliche Wiederholung

In der beschriebenen Weise sollte ein bis zwei Wochen geübt werden. Zehn- bis zwanzigmal, über den ganzen Tag verteilt, sollten Sie unbedingt mit Ihrem Hund trainieren.

Schritt 3:
SITZ verlangen

Bei eifrigem Üben bemerken Sie nach einigen Tagen, daß sich Ihr Hund hinsetzt, sobald Sie ein Leckerchen in der einen und den erhobenen Zeigefinger in der anderen Hand ins Spiel

bringen. Daß dies in Situationen mit viel Ablenkung noch nicht der Fall ist, soll Sie nicht irritieren. Nun können Sie beginnen, mit dem Hund zielgerichtet SITZ zu üben, das heißt: Sie können SITZ verlangen!

Nehmen Sie den Hund an die Leine, gehen Sie in den Garten oder üben in der Wohnung. Die Leine ist für die nächsten Wochen beim Üben immer anzulegen. Nur so können Sie definitiv vermeiden, daß der Hund sich Ihrem Einfluß entzieht. Haben Sie sich für die ersten zwei Wochen an die oben-

Sitz

So lernt auch ein unkooperativer Hund zu sitzen.

genannten Ratschläge gehalten, wird dies jedoch eine reine Vorsichtsmaßnahme sein. Der Hund wird kaum versuchen sich zu entziehen, schließlich hat er bislang mit **SITZ** nur die angenehmsten Erfahrungen gemacht. Nun beginnen Sie mit der Leine in der einen, dem Spielzeug und/oder Leckerchen in der anderen Hand kurze Übungseinheiten. Geben Sie das Hörzeichen **SITZ**, zusätzlich mit dem dem Hund schon bekannten Sichtzeichen, wiederum Leckerchen über die Nase. Sitzt der Hund, folgen überschwengliches Lob, Hörzeichen **LAUF**, kurzes Belohnungsspiel.

Diese Übung sollten Sie keinesfalls durchführen, wenn Ihr Hund müde ist, da er sich dann hinlegen wird. Diese Fehlerquelle kann so leicht vermieden werden.

> **SITZ – Variante 2**
> *Ältere und/oder unkooperative Hunde*
> ▸ Hund an kurze Leine nehmen.
> ▸ Hör- und Sichtzeichen **SITZ**.
> ▸ Hund hinten hinunterdrücken – sobald er sitzt, loben.
> ▸ Wenn Hund aufsteht, Hörzeichen **LAUF**.

Schritt 4: SITZ im Alltag anwenden

Weiterhin üben Sie bei jeder Fütterung und bei jedem Anleinen. Sie werden merken, daß der Hund oft schon sitzt, noch bevor Sie den Mund aufgemacht haben. Daran merken Sie, daß Sie fleißig genug waren. Geben Sie trotzdem jedesmal noch Hör- und Sichtzeichen **SITZ** dazu, um die Verknüpfung, so gut es geht, abzusichern. Können Sie das **SITZ** problemlos in reizarmer oder reizgeringer Umgebung einfordern, können Sie es wagen, an Orten mit mehr Ablenkung zu üben. Aber bitte keinesfalls vorher. Gehen Sie immer nach der Maxime vor, nichts zu fordern, was nicht zum gewünschten Ergebnis führt. Hörzeichen **LAUF** am Ende nicht vergessen.

**Schritt 5:
SITZ
absichern**

Nach einigen Tagen können Sie beginnen, das Sitzen abzusichern. Das heißt, der Hund soll nun lernen, sich nicht nur zu setzen (dies muß er schon gut beherrschen, bevor mit der Absicherung begonnen wird), sondern auch sitzen zu bleiben, sobald Sie das Hörzeichen **SITZ** geben.

Beginnen Sie wiederum in einer Umgebung ohne starke Ablenkung, geben Sie Hör- und Sichtzeichen **SITZ** und loben Ihren Hund. Zur Sicherheit sollten Sie die Leine in der Hand halten. Nach kurzer Zeit wird der Hund der Meinung sein, lange genug gesessen zu haben, und wird aufstehen. Sprechen Sie ein Korrekturwort, z.B. **NEIN** oder **FALSCH**, nehmen Sie die Leine, und führen Sie ihn an die Stelle, an der er ursprünglich gesessen hat. Erneutes Hör- und Sichtzeichen **SITZ**, freundliches Lob.

Damit der Hund überhaupt erkennt, daß er korrigiert wird, muß die Korrektur erstens schnell erfolgen, zweitens muß der Hund an derselben Stelle wieder zum Sitzen gebracht werden. Der Ton Ihres **NEIN** muß der Situation angemessen sein, d. h., es muß sich stimmlich sowohl vom Lob als auch vom relativ neutralen Ton des Hörzeichens **SITZ** unterscheiden.

Beachten Sie, daß gerade Welpen schnell ermüden und noch nicht lange sitzen können. Ein **SITZ** von wenigen Sekunden ist in den ersten Wochen völlig ausreichend. Auch für Hunde, die dem Welpenalter schon entwachsen sind, ist ein längeres Sitzen anstrengend. Mehr als max. drei bis fünf Minuten sollten Sie auch vom erwachsenen Hund nicht verlangen.

**Schritt 6:
Ablenkung
steigern**

Sind Sie in reizarmer Umgebung immer erfolgreich, beginnen Sie die Ablenkung beim Üben ganz allmählich zu

Belohnungsspiel nach erfolgreicher Übung.

Sitz

steigern. Die Leckerchen der ersten Wochen werden nun abgebaut, jedoch nicht gänzlich gestrichen. Ab und zu, möglichst in für den Hund nicht vorhersehbaren Situationen, belohnen Sie ihn noch mit einem Leckerchen. Ihr freundliches Lob hingegen sollten Sie nie abstellen.

Fehler vermeiden

Die Übung korrekt aufheben

Schon zu Beginn haben wir unserem **SITZ** sofort das Hörzeichen **LAUF** hinzugefügt. Auf dieses Hörzeichen greifen wir nun zurück, um dem Hund zu gestatten, sich aus dem **SITZ** zu erheben.

Das Sitzen muß in jedem Fall mit einem anderen Hörzeichen aufgehoben werden, da der Hund sonst unnötig verwirrt wird. Unzuverlässiges Gehorchen des Hundes wird die logische Konsequenz sein. Achten Sie jedoch nun immer konsequent darauf, daß Sie diese Übung beenden und nicht der Hund. Oft kommt es vor, daß sich der Hund hinlegt, nachdem das Hörzeichen **SITZ** gegeben wurde. Ziehen Sie ihn in einem solchen Fall sanft an der Leine nach oben, und geben Sie ihrem Hörzeichen **SITZ** einen freundlichen Klang, da er sonst bei grober Zurechtweisung erst recht nicht mehr aufstehen wird, da er Angst bekommt. Wenn Sie möchten, können Sie in den ersten Wochen unterstützend auch noch ein Leckerchen über die Nase des Hundes halten. Dann entlassen Sie ihn mit **LAUF**.

Wichtig ist in jedem Fall, daß Sie und der Hund die Übungen mit einem Erfolgserlebnis beenden. Ein Belohnungsspiel im Anschluß an Ihr Hörzeichen **LAUF** sollte selbstverständlich sein.

> **SITZ – Absicherung**
> ▸ Hund ist im **SITZ.**
> ▸ Sobald der Hund ohne Erlaubnis aufsteht, strenges Hörzeichen **NEIN.**
> ▸ Hund wieder mit Hör- und Sichtzeichen in gleiche Position (an gleicher Stelle!) bringen (wenn das nicht ausreicht, Hund sanft in **SITZ** – Position drücken).
> ▸ Sobald Hund wieder sitzt, LOBEN!
> ▸ Nach einigen Sekunden ruhigen Sitzens darf der Hund mit **LAUF** wieder aufstehen.
> ▸ Langsames Entfernen einüben.
> ▸ Dauer, Entfernung und Ablenkung langsam steigern (bei Welpen nicht zu schnell vorgehen!).

Übung unter Ablenkung.

ÜBUNGSPLAN »SITZ«

	Wie wird's gemacht?	Wo?	Wie oft üben?	Hilfe, es klappt nicht!	Lernziel
Schritt 1	Hund an Leine! Leckerchen oder Spielzeug über Nase halten. Gleichzeitig Sichtzeichen (erhobener Zeigefinger). Wenn der Hund sitzt, loben und Leckerchen geben oder: Loben und Spielzeug geben. Sobald der Hund aufsteht, **LAUF** sagen, Belohnungsspiel.	Wohnung oder stille Wiese (Wiese nur, wenn Hund nicht abgelenkt ist – vorher schnüffeln und laufen lassen!).	Täglich mindestens zehnmal.	Mögliche Problemquellen: Hund hat keinen Appetit: Fütterung kontrollieren! Hund ist zu sehr abgelenkt: Nur in Wohnung üben. Hund ist zu zappelig: Erst üben, wenn Hund sich ausgetobt hat. Hund legt sich hin: Evtl. ist er zu müde, kurz korrigieren, Übung dann mit **LAUF** abbrechen.	Hund setzt sich auf Sichtzeichen sofort hin.
Schritt 2	Wie bei Schritt 1, jedoch mit leichter Ablenkung.	Wohnung: Familienmitglieder gehen vorbei. Wiese: Personen in weiter Entfernung, Hunde nur in sehr weiter Entfernung.	Täglich mindestens zehnmal.	Mögliche Problemquellen: Wie bei Schritt 1.	Hund setzt sich auf Sichtzeichen auch unter leichter bis mittlerer Ablenkung sofort hin.
Schritt 3	Hund an Leine! Gleichzeitig Sicht- und Hörzeichen **SITZ** geben. Hund sitzt: Loben und Leckerchen geben. **LAUF** sagen und Hund ermuntern, aufzustehen. Belohnungsspiel.	Zu Beginn wieder ohne Ablenkung, dann Ablenkung steigern.	Täglich mindestens zehnmal.	Hund setzt sich nicht hin: Jetzt können Sie es verlangen, indem Sie ihn hinten sanft hinunterdrücken – loben!	Hund setzt sich auf Hör- und Sichtzeichen sofort hin.
Schritt 4	Hund an Leine nehmen. **SITZ** verlangen, loben. Mit Leine in der Hand kleinen Schritt nach hinten oder zur Seite treten, Moment abwarten, zum Hund zurückgehen und loben! **LAUF** und Belohnungsspiel.	Zu Beginn wieder ohne Ablenkung, dann Ablenkung steigern.	Täglich mindestens zehnmal.	Hund bleibt nicht sitzen: Korrekturwort **NEIN** oder **FALSCH** (streng!), Hund an gleiche Stelle zurückbringen, **SITZ** verlangen und loben! Es kann durchaus vorkommen, daß Ihr Hund dies häufig austestet – konsequent bleiben!	Hund bleibt für einige Sekunden sitzen.
Schritt 5	Hund an Leine nehmen. **SITZ** wie bei Schritt 4, aber einige Schritte entfernen. Später auch Kreise um Hund laufen, immer mit Leine in der Hand! Leckerchen zur Belohnung jetzt weglassen! **LAUF** und Belohnungsspiel.	Auch in mittlerer Ablenkung üben!	Täglich mindestens fünfmal.	Steht Ihr Hund immer noch häufig auf, dann sind Sie zu schnell vorgegangen oder korrigieren nicht energisch genug!	Hund bleibt etwas länger sitzen, auch unter größerer Ablenkung!
Schritt 6	Hund an lange Leine nehmen, Schritt 5 unter allen möglichen Situationen wiederholen!	Starke Ablenkung (andere Hunde unmittelbar daneben!). Futter von Fremden vor Nase halten lassen!	Täglich.	Sie üben nicht oft genug.	Hund bleibt auch unter stärkster Ablenkung sitzen. Haben Sie dies erreicht, können Sie auch ohne Leine üben!

PLATZ

Lernziel

Der Hund soll sich auf ein einmaliges Sicht- und/oder Hörzeichen hin sofort hinlegen und so lange, auch unter Ablenkung, liegenbleiben, bis ihm erlaubt wird, aufzustehen.

Hör- und Sichtzeichen

PLATZ

Als Sichtzeichen verwenden wir die flache Hand, die vor dem Hund zu Boden geführt wird. Das Hörzeichen **PLATZ** unterscheidet sich im Ton vom Hörzeichen **SITZ**. Wir geben unserer Stimme einen entschiedenen, etwas energischeren Ton.

Schritt-für-Schritt-Anleitung

Schritt 1: Wie fange ich es an?

Nun soll der Hund lernen, was das Hörzeichen **PLATZ** bedeutet. Er soll lernen, es auf Ihren Wunsch hin zu befolgen, und er soll lernen, daß die Übung nicht von ihm aufgehoben werden darf. Hierbei gehen wir wie immer schrittweise vor. Ihr Hund muß zunächst einmal verstehen, welche Körperhaltung wir von ihm erwarten. Hierzu gibt es mehrere Möglichkeiten:

Variante 1: Der „Tunnel"

Üben Sie zunächst in ablenkungsfreier Umgebung. Der Hund muß hungrig sein. Die letzte Mahlzeit sollte also mehrere Stunden zurückliegen.

Aufbau der „Tunnel-Übung".

Praktische Hundeerziehung

**PLATZ –
der „Tunnel"**
*Welpen und Junghunde
oder kooperative
erwachsene Hunde*

- Mit Beinen „Tunnel" bilden oder Stuhl verwenden.
- Leckerchen mit Daumen unter flacher Hand festklemmen.
- Hund damit in „Tunnel" locken.
- Sobald der Hund liegt, Hörzeichen **PLATZ**, Hand herumdrehen und Leckerchen geben, dabei loben.
- Wenn Hund aufsteht, Hörzeichen **LAUF**.

Knien Sie sich erst hin, dann stellen Sie ein Bein aufrecht, so daß eine Art Tunnel entsteht. Machen Sie Ihren Hund nun mit freudigen Lauten darauf aufmerksam, daß sich in Ihrer Hand ein Leckerchen befindet, doch geben Sie es ihm zunächst nicht. Sobald er auf das Leckerchen aufmerksam geworden ist und Interesse daran zeigt, locken Sie ihn damit und mit aufmunternder Stimme unter Ihr angewinkeltes Bein. Im Idealfall befindet er sich nun genau unter Ihnen. Sie haben Ihre Position bislang nicht geändert.
Jetzt kommt unser Sichtzeichen für **PLATZ** zum Einsatz, auf ein Hörzeichen verzichten wir zunächst.
Die Hand mit dem Leckerchen legen Sie flach auf den Boden vor den Hund. Das Leckerchen haben Sie dabei unter der flachen Hand mit dem Daumen versteckt (siehe Foto).
Je nach Größe des Hundes verkleinern Sie den „Tunnel" nun derart, daß der Hund sich legen muß, um an Ihre flache Hand mit dem Leckerchen zu kommen. Verkleinern Sie jedoch erst, wenn der Hund sich unter Ihnen befindet, sonst könnte er von vornherein zögern, unter Ihrem Bein durchzukriechen. Bei sehr kleinen Hunden setzen Sie sich einfach auf den Boden und winkeln beide Beine vor sich an.
Sobald Ihr Hund liegt, sagen Sie **PLATZ** und öffnen die flache Hand, so daß er das Leckerchen bekommt. Gleichzeitig

Der Hund wird ermuntert. Geben Sie noch kein Hörzeichen.

Platz

loben Sie überschwenglich mit der Stimme. Geben Sie Hörzeichen **LAUF**, stehen Sie auf, und versuchen Sie es erneut.

Der Vorteil des „menschlichen Tunnels" ist, daß man überall üben kann. Ist es Ihnen draußen zu dreckig, nehmen Sie sich eine Decke mit.

Variante 2: Der Stuhl

Genausogut können Sie bei einem größeren oder mittelgroßen Hund einen Stuhl zu Hilfe nehmen und den Hund mit Leckerchen unter den Stuhl locken. Befindet er sich dort, legen Sie die Hand mit dem Leckerchen flach auf den Boden. Sobald der Hund liegt, geben Sie erneut das Hörzeichen **PLATZ**.

Variante 3: Leckerchen zwischen den Vorderbeinen

Es gibt auch Hunde, bei denen es ausreicht, ein Leckerchen unter der flachen Hand direkt zwischen den Vorderbeinen des Hundes zu Boden zu führen. Zuvor müssen Sie den Hund natürlich darauf aufmerksam gemacht haben, daß sich in Ihrer Hand etwas Gutes befindet.

PLATZ mit Leine
Ältere und/oder unkooperative Hunde

- Hund an kurze Leine nehmen.
- Hör- und Sichtzeichen **PLATZ**.
- Hund nach unten; ziehen, sobald er liegt, Hörzeichen **PLATZ** oder:
- Auf glattem Boden neben Hund setzen, Hund umfassen und langsam nach unten drücken.
- Sobald der Hund liegt, Hörzeichen **PLATZ** und loben!
- Wenn Hund aufsteht, Hörzeichen **LAUF**.

Sobald der Hund liegt geben Sie das Hörzeichen Platz.

Praktische Hundeerziehung

Fehler vermeiden

Keine Ablenkung beim Üben

Achten Sie zunächst strengstens auf eine ablenkungsfreie Umgebung. Keinesfalls sollten zu Beginn sämtliche Familienmitglieder oder Freunde anwesend sein, da der Hund so möglicherweise sich völlig widersprechende Signale erhält, die ihn zu stark ablenken und verwirren. Dies gilt im übrigen für alle Erziehungsübungen in gleichem Maße, und zwar so lange, is der Hund begriffen hat, worum es geht. Sind Ihre Familienmitglieder einsichtig genug, den Hund zwar zu beobachten, während Sie üben, ihn jedoch völlig zu ignorieren, sobald er sich an sie wendet, ist gegen eine Anwesenheit nichts einzuwenden.

Diese beiden haben keine Probleme mit der Übung – im Gegenteil ...

Haben Sie Geduld

Erwarten Sie nicht, daß ein Hund, der **PLATZ** noch nicht gelernt hat, sich sofort zu Boden wirft, sobald Ihre Hand inklusive Leckerchen auf dem Boden ankommt.
Bei allen Varianten ist Geduld gefragt. Wahrscheinlicher ist, daß der Hund zunächst sein ganzes Repertoire anwenden wird, mit dem er üblicherweise an seine Ziele gelangt: Er wird bellen, winseln, jammern, er wird Sie anstoßen, die Pfote geben usw. Zeigen Sie sich völlig unbeeindruckt, und haben Sie Geduld. Sobald er liegt, keinesfalls vorher, geben Sie das Hörzeichen **PLATZ**, öffnen die Hand, und gleichzeitig zu seinem Leckerchen erhält der Hund ein begeistertes Lob. Hörzeichen **LAUF** und erneuter Versuch folgen.

| Platz | 117 |

Häufig wiederholen

Auch wenn es Ihnen schon zu den Ohren herauskommt, weisen wir an dieser Stelle noch einmal darauf hin: Der Hund braucht häufige Wiederholungen.

Wenn es mit sanften Methoden nicht klappt

Es soll keinesfalls verschwiegen werden, daß es Hunde gibt, bei denen die bereits beschriebenen sanften Methoden nicht funktionieren.
Es wäre vermessen, bei der Vielzahl von Hundecharakteren drei oder vier Methoden zu beschreiben und zu behaupten, daß diese immer und bei allen Hunden anwendbar sind.

Es gibt Hunde, die sich überhaupt nicht für Ihre Besitzer interessieren, egal was diese ihnen anbieten, aus welchen Gründen auch immer, ebenso Hunde, die durch Spielzeug nicht zu motivieren sind. Es gibt Hunde, die sich trotz konsequenter Futterkontrolle nicht im geringsten für den leckeren Trockenfisch interessieren, für den sich andere Hunde umbringen. Neben der Überprüfung, warum sich der entsprechende Hund so starke Ignoranz leistet, sollten jedoch gerade Besitzer solcher Hunde keinesfalls auf Erziehung verzichten. Gerade diese Vierbeiner haben es oft nötiger als alle anderen, und besonders **PLATZ** ist eine oft unverzichtbare Gehorsamsübung, um Kontrolle über weniger kooperationsbereite Hunde zu gewinnen.

Variante 4:
Die klassische
Methode

Für diese Hunde gibt es folgende Möglichkeit, **PLATZ** zu trainieren: Zunächst bringen Sie dem Hund **SITZ** bei. Sofern die bislang beschriebene Methode für das Sitzen (siehe Seite 105) bei Ihrem Hund nicht funktioniert, müssen Sie wohl oder übel von Anfang an den klassischen Weg gehen, d. h., Sie drücken den Hund hinten hinunter und geben gleichzeitig das Hörzeichen **SITZ**, das Lob ist hier genauso verbindlich für Sie. Steht er auf, geben Sie ein deutliches Korrekturwort und bringen ihn an derselben Stelle wieder ins **SITZ**. Loben Sie erneut.

Gerade bei einem besonders ignoranten Tier kann es Ihnen passieren, daß Sie zu Beginn permanent korrigieren müssen. Es gibt Hunde, für die man einen wirklich langen Atem braucht. Sie müssen sich im klaren sein, daß es gerade auf das dominantere Tier einen verheerenden Eindruck macht, wenn Sie erfolglos abbrechen und aufgeben. Sie müssen zu Beginn nicht darauf bestehen, daß Ihr Hund minutenlang sitzenbleibt. Seien Sie zunächst mit kleinen Schritten zufrieden, doch der Hund muß lernen, **SITZ** schnell auszuführen und es nicht nach eigenem Gutdünken aufzuheben.

Erst wenn Sie der Meinung sind, lange genug geübt zu haben, wird der Hund ausführlich gelobt und selbstverständlich korrigiert, falls er sich durch das Lob ermutigt fühlt, seine Position zu verlassen. Schließlich wird er durch das Hörzeichen **LAUF** entlassen. Kurzes Belohnungsspiel folgt auch hier immer!

Der Hund führt das Hörzeichen **SITZ** relativ zuverlässig aus. Lassen Sie ihn nun zunächst sitzen. Knien Sie sich dicht neben ihn, und fassen Sie ihm mit dem rechten Arm um die Schulter. Drücken Sie das rechte Knie gegen seine Schulter, und verlagern Sie dabei Ihr Gewicht auf Ihre rechte Körperhälfte. Damit der Hund sich nicht entzieht, halten Sie den rechten Arm weiterhin fest um seinen Körper. Der Druck Ihres Körpers wird den Hund zu Boden drücken. Sobald er liegt, geben Sie Hörzeichen **PLATZ** und loben ihn. Danach Hörzeichen **LAUF**. Mit der Zeit bauen Sie den Druck immer weiter ab, bis Sie neben dem Hund hockend, später stehend, nur noch mit Hör- und Sichtzeichen **PLATZ** auskommen, ohne daß Sie Druck ausüben müssen.

Auch für diese Methode sind häufige Wiederholungen notwendig. Keinesfalls sollten Sie so verfahren, wenn Sie sich dem Hund gegenüber unsicher fühlen. Diese Methode setzt Selbstsicherheit voraus. Haben Sie einen Hund, der Sie, in welcher Situation auch immer, anknurrt o.ä., ist diese Methode ebenfalls tabu, da es sonst zu einer offenen Auseinandersetzung kommen könnte. Zu diesem und ähnlichem Verhalten lesen Sie bitte das Kapitel „Dominanzverhalten".

Platz mit Körperhilfe.

Praktische Hundeerziehung

Verzichten Sie nicht auf den Einsatz von Sichtzeichen.

Schritt-für-Schritt-Anleitung

Schritt 2: Hörzeichen PLATZ voranstellen

Ihr Hund hat nun, auf welchem Weg auch immer, begriffen, sich hinzulegen, sobald die flache Hand vor ihm – immer noch in reizarmer Umgebung – zu Boden geführt wird. Davon können Sie ausgehen, wenn Sie den Hund ca. eine Woche lang täglich durch häufige Wiederholung zum Hinlegen gebracht und anschließend das Hörzeichen **PLATZ** gegeben haben.

Der nächste Schritt ist, das Hörzeichen **PLATZ** einzufordern. Mit der Leine in der einen und dem Leckerchen in der anderen Hand geben Sie ein deutliches Hör- und Sichtzeichen **PLATZ**.

Die Deutlichkeit des Sichtzeichens ist dabei sehr wichtig. Hunde orientieren sich stark an nonverbalen Zeichen. Reagiert der Hund, bekommt er sein Leckerchen, wird ausführlich gelobt und erhält das Hörzeichen **LAUF**. Reagiert er nicht, obwohl Sie fleißig genug geübt haben, helfen Sie ihm in die **SITZ**-Position, aber ohne das Hörzeichen **SITZ** zu geben, und drücken von oben auf seine Schultern, so daß er nach unten rutscht. Glatter Untergrund ist hier sehr hilfreich und verringert den Druck.

Auch beim **PLATZ** kann es bei aller Sorgfalt und Geduld Situationen geben, in denen der Hund versucht, Ihr Hörzeichen zu ignorieren und damit ein weiteres Mal zu testen, wie wichtig Ihnen die Ausführung tatsächlich ist. Haben Sie dem Hund zu Beginn genügend Zeit zur Verknüpfung gegeben und haben Sie die Ablenkung, mit der Sie üben, nicht zu

Platz

Schritt 3: PLATZ und Liegenbleiben

schnell gesteigert, wird der Druck, den Sie anwenden müssen, um sich durchzusetzen, gering sein. Doch gestatten Sie Ihrem Hund keinesfalls, Sie zu ignorieren.

Mit der Absicherung des Liegenbleibens beginnen Sie, sobald der Hund bei mittlerer Ablenkung zuverlässig und schnell auf das erste Hörzeichen **PLATZ** reagiert. Wenn er liegt, wird er selbstverständlich gelobt.
Geben Sie dem Hörzeichen stimmlich einen verbindlichen Charakter, das erleichtert das Verständnis für den Hund. Transportieren Sie durch Ihre Stimme an dieser Stelle ein zu freundliches „Würdest du bitte freundlicherweise an dieser Stelle liegenbleiben?", müssen Sie auch akzeptieren, daß der Hund Ihnen antwortet: „Nein, würd' ich nicht!"
Zuverlässiges **PLATZ** und Liegenbleiben ist eine Übung, die Fleiß und Autorität voraussetzt. Schreien sollen Sie selbstverständlich nicht, doch geben Sie Ihrer Stimme einen energischen, selbstbewußten Klang.

Absicherung
Hund ist im PLATZ.
- Sobald der Hund ohne Erlaubnis aufsteht, strenges Hörzeichen **NEIN**.
- Hund wieder mit Hör- und Sichtzeichen in gleiche Position (an gleicher Stelle!) bringen (wenn das nicht ausreicht, Hund sanft in **PLATZ**-Position drücken).
- Sobald Hund wieder liegt, loben!
- Nach einigen Sekunden ruhigen Verweilens im **PLATZ** Hund mit freundlichem **SIIEETZ** in **SITZ**-Position bringen (mit Leckerchen locken oder sanft nach oben ziehen), dann mit **LAUF** aufstehen lassen.
- Langsames Entfernen einüben.
- Dauer, Entfernung und Ablenkung langsam steigern (bei Welpen nicht zu schnell vorgehen!).

Steigern Sie die Ablenkung langsam, aber stetig.

Schritt 4: Ablenkung steigern

Schrittweise beginnen Sie nun, die Ablenkung zu erhöhen. Suchen Sie wechselnde Orte zum Üben auf. Während Sie zu Beginn nur zwei bis drei Schritte vom Hund wegtreten, sollten Sie nach einiger Zeit schon mehrere Meter weggehen können. Bleiben Sie jedoch immer in Sichtweite, anders können Sie Ihren Hund nicht schnell genug korrigieren, und außerdem ist es für den Alltag völlig überflüssig, daß der Hund im **PLATZ** bleibt, sobald er Sie nicht mehr sieht. Üben Sie nicht ohne Leine, damit der Hund leicht korrigierbar bleibt. Dies machen Sie so lange, bis Sie sich wirklich sicher sind, daß er sich nicht mehr durch Weglaufen entzieht.

In den ersten Wochen sollten Sie **PLATZ** nicht über **LAUF** aufheben. Es ist besser, den Hund zunächst ins **SITZ** zu holen und dann mit **LAUF** zu entlassen. Bei vielen Hunden steigt so die Hemmschwelle, aus dem **PLATZ** aufzuspringen und davonzurennen.

Hierbei muß folgendes beachtet werden: Lassen Sie sich immer Zeit beim Aufheben der **PLATZ**-Übung. Nähern Sie sich langsam und gelassen der Leine, schleichen Sie sich nicht an den liegenden Hund heran! Greifen Sie die Leine, und warten Sie noch einige Sekunden. Verhält sich der Hund ruhig, loben Sie ihn tüchtig, geben ein freundliches Hörzeichen **SIIEETZ**, helfen ihm mit der Leine und/oder Leckerchen nach oben und loben erneut. Danach freundliches **LAUF** und Belohnungsspiel.

Durch dieses Prozedere wird vom Hund eine Menge Geduld verlangt, denn er möchte eigentlich gern aufstehen und sich mit interessanteren Dingen beschäftigen. Holen Sie Ihren Hund jedoch nur ab, wenn er tatsächlich ruhig und gelassen bleibt. Achten Sie darauf, den Hund nie aus dem **PLATZ** zu holen, wenn er gerade unruhig ist, jammert, winselt oder bellt. Zeigt er diese Verhaltensweisen, so achten Sie lediglich darauf, daß er das **PLATZ** nicht selbständig aufhebt. Korrigieren Sie, wenn es sein muß. Alles andere ignorieren Sie hartnäckig. Verhält sich der Hund ruhig, so entlassen Sie ihn aus der Übung. Machen Sie sich klar, daß Sie Ungeduld, Gewinsel o. ä. beim Hund belohnen, wenn Sie ihn im falschen Moment abholen.

Aus dem Platz ins Sitz.

Und weil es so viel Spaß macht – gleich wieder ins Platz.

Keine Angst vor Fehlern des Hundes

Es gibt immer wieder Schüler und Schülerinnen in unserer Hundeschule, die beim **PLATZ** unsicher und in geduckter Haltung um den Hund herumschleichen und vor lauter Angst, dieser könne aufstehen, ständig Hörzeichen **PLATZ** geben, obwohl der Hund schon liegt und noch keine Anstalten macht aufzustehen. Haben Sie keine Angst vor Fehlern des Hundes. Steht er auf, wird er eben korrigiert. Daran ist nichts Schlimmes, es gibt keinen Grund, unsicher zu sein. Geben Sie Ihrem Hund nicht das Gefühl, die Situation nicht unter Kontrolle zu haben. Hunde nutzen Unsicherheit und Angst ihrer Menschen oft schamlos aus, und sie wären dumm, wenn sie es nicht täten. Eine erfolgreiche Korrektur ist immer besser als eine „hingepfuschte" Übung!

Hundepfeife

Wenn der Hund sich ohne oder bei mittlerer Ablenkung zuverlässig hinlegt, können Sie zusätzlich ein Pfeifensignal einführen (z.B. Triller). Pfeifen Sie den Triller, gleichzeitig geben Sie das Sichtzeichen **PLATZ**.
Wenn das nicht ausreicht, korrigieren Sie den Hund mit Hörzeichen und nötigenfalls Körpereinsatz wie oben beschrieben. Im allgemeinen verknüpft der Hund nach einigen Wiederholungen wie gewünscht. Für ein zuverlässiges Befolgen des Pfiffes ist ebenfalls eine konsequente Absicherung wie beschrieben notwendig.

> **Hinweis für Welpenbesitzer:**
> Gehen Sie mit dem Welpen nicht zu schnell vor. Es ist völlig ausreichend, wenn Sie bei Schritt 4 ankommen, wenn der Hund ca. 5 bis 6 Monate alt ist.
>
> **Hinweis für Besitzer älterer Hunde:**
> Je älter Ihr Hund ist, um so schneller können Sie vom Hund mehr verlangen, vorausgesetzt, Sie üben wirklich mehrmals täglich!
>
> Zwischendurch immer wieder Belohnungsspiel einbauen!

ÜBUNGSPLAN »PLATZ«

	Wie wird's gemacht?	Wo?	Wie oft üben?	Hilfe, es klappt nicht!	Lernziel
Schritt 1	Hund an Leine! Sichtzeichen: Flache Hand zu Boden führen – noch KEIN Hörzeichen verwenden! Nur wenn Variante 1 (Tunnel) nicht funktioniert, zu den anderen Varianten übergehen! Wenn Hund liegt, loben und Leckerchen geben oder: Loben und Spielzeug geben. Sobald Hund aufsteht, **LAUF** sagen. Belohnungsspiel.	Wohnung oder stille Wiese (Wiese nur, wenn Hund nicht abgelenkt ist – vorher schnüffeln und laufen lassen!).	Täglich mindestens zehnmal.	Mögliche Problemquellen: Hund hat keinen Appetit: Fütterung kontrollieren! Hund ist zu sehr abgelenkt: Nur in Wohnung üben. Hund ist zu zappelig: Erst üben, wenn Hund sich ausgetobt hat.	Hund legt sich auf Sichtzeichen sofort hin.
Schritt 2	Hund an Leine! Sobald sich Ihr Hund auf das Sichtzeichen hin hinlegt, können Sie vorher auch das Hörzeichen **PLATZ** geben.	Wohnung: leichte Ablenkung einbauen: Familienmitglieder gehen vorbei. Wiese: Personen in weiter Entfernung, Hunde nur in sehr weiter Entfernung.	Täglich mindestens zehnmal.	Mögliche Problemquellen: Wie bei Schritt 1 Hund legt sich nicht hin: Nochmals verlangen, dann sanften Druck mit Leine nach unten ausüben oder Hand auf Schultern legen und drücken!	Hund legt sich auf Sichtzeichen auch unter leichter Ablenkung sofort hin.
Schritt 3	Hund an Leine nehmen, **PLATZ** verlangen, loben. Mit Leine in der Hand, kleinen Schritt nach hinten oder zur Seite treten, Moment abwarten, zum Hund zurückgehen und loben! **LAUF** und Belohnungsspiel.	Zu Beginn wieder ohne Ablenkung, dann Ablenkung steigern.	Täglich mindestens zehnmal.	Hund bleibt nicht liegen: Korrekturwort **NEIN** oder **FALSCH** (streng!), Hund an gleiche Stelle zurückbringen, **PLATZ** verlangen und loben! Es kann durchaus vorkommen, daß Ihr Hund dies häufig austestet – konsequent bleiben!	Hund bleibt für einige Sekunden liegen.
Schritt 4	Hund an Leine nehmen, **PLATZ** wie bei Schritt 3, aber einige Schritte entfernen. Später auch Kreise um Hund laufen, immer mit Leine in der Hand! Leckerchen zur Belohnung jetzt weglassen! Aufheben ab sofort über **SITZ, LAUF** und Belohnungsspiel.	Auch in mittlerer Ablenkung üben!	Täglich mindestens fünfmal.	Steht Ihr Hund immer noch häufig auf, dann sind Sie zu schnell vorgegangen oder korrigieren nicht energisch genug!	Hund bleibt etwas länger liegen (bis zwei Minuten), auch unter größerer Ablenkung!
Schritt 5	Hund an lange Leine nehmen, Schritt 4 unter allen möglichen Situationen wiederholen!	Starke Ablenkung (andere Hunde unmittelbar daneben!), Futter von Fremden vor Nase halten lassen! Spielzeug vorbeirollen.	Täglich.	Sie üben nicht oft genug.	Hund bleibt auch unter stärkster Ablenkung liegen. Zeitdauer steigern (bis fünf Minuten!), Haben Sie dies erreicht, können Sie auch ohne Leine üben!

Ein harmonisches Paar – diese beiden haben es geschafft.

LEINENFÜHRIGKEIT

Ziehen ist selbstbelohnend

Ein ordentliches An-der-Leine-Gehen ohne Ziehen und Zerren zu erreichen, ist eines der schwierigeren Ziele in der Hundeerziehung. Denn unser normales Gehtempo entspricht fast nie dem natürlichen Tempo eines Hundes, so daß der Hund gezwungen ist, für seine Begriffe sehr langsam zu laufen. Dies fällt jungen und temperamentvollen Hunden verständlicherweise sehr schwer!

Außerdem ist Ziehen selbstbelohnend: Der Hund zieht, weil er vorwärts möchte. Mit jedem Schritt, den Sie an gespannter Leine tun und der Hund vorwärts kommt, verstärken Sie das Ziehen. Erlauben Sie Ihrem Hund auch nicht, an der kurzen Leine mit anderen Hunden zu spielen.

Wege zum leinenführigen Hund

Um eine gute Leinenführigkeit zu erreichen, ist auch hier Konsequenz und sehr sorgfältiges Vorgehen gefragt. Es gibt verschiedene Methoden, um dem Hund klarzumachen, daß er nicht an der Leine ziehen soll. Sie können sogar gemischt werden, dürfen aber nicht nachlässig oder gar nur manchmal angewandt werden.

Allen Methoden gemein ist, daß Sie bei jedem (!) Ziehen an der Leine sofort reagieren müssen. Damit der Hund auch begreifen kann, was Sie eigentlich von ihm wollen, müssen Sie bereits auf ein leichtes Anspannen der Leine reagieren und nicht erst dann, wenn der Zug für Sie unangenehm geworden ist. Der Hund kann leider nicht verstehen, daß ein leichtes Ziehen Ihnen vielleicht nichts ausmacht, aber starkes sehr wohl. Sofort reagieren heißt, daß Sie innerhalb von zwei bis drei

Zieht der Hund, müssen Sie sofort reagieren.

Sekunden nach Anspannen der Leine eine der drei beschriebenen Methoden anwenden müssen. Gehen Sie erst einmal einige Schritte oder gar Meter mit angespannter Leine, dann können Sie von Ihrem Hund nicht erwarten, daß er versteht, daß Sie damit nicht einverstanden sind!

1. Variante Stehenbleiben

Bereits ein leichtes Anspannen der Leine, muß Sie zur sofortigen Reaktion veranlassen. Sie bleiben abrupt stehen. Solange Ihr Hund weiter an der Leine zieht, reagieren Sie gar nicht. Wendet er sich zu Ihnen um und lockert dabei die Leine, gehen Sie mit einem freundlichen Lob weiter. Vielleicht kommen Sie nun nur zwei Schritte voran, und schon zieht er wieder, also: Stehenbleiben! Prinzip ist hier: Zieht der Hund, erreicht er sein Ziel, vorwärts zu kommen nicht!

Diese Methode ist absolut gewaltfrei und (theoretisch) leicht durchzuführen.
Sie brauchen sehr viel Geduld! Sehr schwierig wird es, wenn Sie dringend irgendwohin müssen und Ihr Hund zieht und zieht. Gehen Sie nun weiter, belohnen Sie das Ziehen. Sie haben in solchen Fällen nur die Möglichkeit, Ihren Hund erst gar nicht mitzunehmen oder ihn zu tragen (falls noch möglich).

Bleiben Sie abrubt stehen.

**2. Variante
Richtungs-
wechsel**

Haben Sie das Gefühl, Ihren Hund interessiert Ihr Stehenbleiben überhaupt nicht, und er lockert auch von sich aus nicht die Leine, sobald Sie stehenbleiben, dann drehen Sie auf dem Absatz um und gehen in die andere Richtung. Sobald der Hund an lockerer Leine läuft (aufpassen, damit er nicht wieder vorausläuft!), loben Sie ihn sofort, kehren um und gehen wieder in die geplante Richtung.

Diese Methode ist ebenfalls gewaltfrei, aber schon einen Tick energischer als die erste Variante. Falls Sie lieber agieren, statt stehend abzuwarten, liegt Ihnen diese Methode vielleicht mehr. Sie kommen allerdings unter Umständen noch weniger vorwärts als mit der ersten Variante, da Sie den halben Weg zurücklaufen.

**3. Variante
Belohnung**

Kurz bevor der Hund die Leine anspannt, machen Sie ihn mit einem Hörzeichen (z.B. **LANGSAM** oder ein kurzes Zischen **SSSS**) aufmerksam. Sieht er Sie an, bekommt er ein kleines Leckerchen.

Auch diese Variante ist einfach und gewaltfrei. Sie funktioniert jedoch unter Ablenkung nur bei extrem verfressenen Hunden.

*Richtungswechsel:
Auch diese Methode
funktioniert nur, wenn
Sie konsequent sind.*

Konsequente Anwendung

Alle diese Methoden funktionieren wie gesagt nur, wenn sie konsequent angewandt werden. Gehen Sie z.B. täglich zum Kindergarten mit dem Hund, und er kann dabei ziehen, weil Sie nun einmal pünktlich dort sein müssen, dann ist eine gute Leinenführigkeit nicht zu erwarten.

Die Benutzung des Kopfhalfters (siehe Seite 133) ist ebenfalls möglich, wenn Sie im Tagesablauf Situationen nicht vermeiden können, in denen Sie mit dem angeleinten Hund dringend irgendwohin müssen und weder Zeit zum Stehenbleiben noch zum Umkehren haben.

Nehmen Sie sich täglich mehrere Minuten Zeit zu üben, doch gestatten Sie dem Hund auch ansonsten nicht mehr, an der Leine zu ziehen, sonst ist Ihre ganze Mühe umsonst. Die Konsequenz im Alltag ist hier weitaus wichtiger als das Training auf einem eingezäunten Platz zweimal pro Woche.

Lassen Sie Ihren Hund auch toben und spielen. Spaziergänge an der Leine genügen nicht.

Keine Starkzwangmittel einsetzen

Haben Sie mit den beschriebenen Möglichkeiten nach zwei bis drei Wochen täglichen Übens keinerlei oder nur sehr wenig Erfolg, sollten Sie sich trotzdem dringend vor dem Einsatz eines Stachelhalsbandes hüten. Gewöhnen Sie den Hund an ein Kopfhalfter (siehe Seite 133), dies macht den Einsatz althergebrachter Starkzwangmittel heutzutage überflüssig. Sie können sich mit dem Kopfhalfter – vorausgesetzt, der Hund ist es gewöhnt – den Luxus eines variablen Einsatzes leisten. Es gibt Hunde, die an bestimmten Plätzen ziehen, an anderen nicht. Wieder andere ziehen lediglich zu bestimmten Tageszeiten, je nach Aktivitätskurve.

Überprüfen Sie auch, ob Ihr Hund genügend Auslauf erhält. Spaziergänge an der kurzen Leine reichen nicht aus, um einen Hund auszulasten. Können Sie Ihren Hund nicht von der Leine lassen, brauchen Sie sich nicht zu wundern, daß er zieht. Sein unbefriedigtes Bewegungsbedürfnis ist Ursache dafür. Harte Korrekturen oder gar Stachelhalsbänder sind einem solchen Tier gegenüber völlig unfair. Ändern Sie also unbedingt als erstes die Lebensumstände Ihres Hundes entsprechend. Wenn Sie dies nicht können, sollten Sie sich mit dem Ziehen besser abfinden.

Jeder Hundebesitzer sollte sich kritisch fragen, ob sein Hund auch psychich genügend ausgelastet ist. Die meisten von uns besitzen hochgezüchtete Rassehunde, die ursprünglich eine ganz bestimmte Aufgabe erfüllen mußten. Heutzutage fehlt den meisten Hunden nun schlicht und ergreifend eine Beschäftigung. Was für einen „Job" hat eigentlich Ihr Hund? Die zuverlässigste Möglichkeit, dem Hund starkes Ziehen an der Leine abzugewöhnen, ist, ihn auszulasten. Ein Hund, der genügend Bewegung hat und auch gefordert wird, indem er lernen und spielen darf, zieht in den seltensten Fällen an der Leine.

ÜBUNGSPLAN »LEINENFÜHRIGKEIT«

	Wie wird's gemacht?	Wo?	Wie oft üben?	Hilfe, es klappt nicht!	Lernziel
Möglichkeit 1	**Stehenbleiben** Sobald sich die Leine auch nur leicht anspannt (egal warum), abrupt stehenbleiben! Solange der Hund weiterzieht, nicht reagieren! Wenn er sich zu Ihnen umdreht oder die Leine lockert, weitergehen.	Immer und überall.	Immer.	Wenn Sie auch nach einigen Tagen konsequenter Anwendung das Gefühl haben, daß Ihr Hund sich überhaupt nicht für das Stehenbleiben interessiert, andere Methode ausprobieren! Auf Kopfhalfter umsteigen!	Der Hund zieht nicht mehr an der Leine.
Möglichkeit 2	**Richtungswechsel** Bei jedem Zug an der Leine wechseln Sie sofort die Richtung (mindestens 90°-Winkel, noch besser: Sie machen eine Kehrtwendung).	Immer und überall.	Immer.	Andere Methode anwenden! Auf Kopfhalfter umsteigen!	Der Hund zieht nicht mehr an der Leine.
Möglichkeit 3	**Belohnung** Kurz bevor sich die Leine spannt, sprechen Sie Ihren Hund an (kleines Geräusch: **SSSS**). Reagiert er, geben Sie ihm ein Leckerchen!	Immer und überall.	Immer.	Andere Methode anwenden! Auf Kopfhalfter umsteigen!	Der Hund zieht nicht mehr an der Leine.

Gewöhnen Sie Ihren Hund langsam an das Kopfhalfter.

DAS KOPFHALFTER

Sollten Sie mit der Leinenführigkeit in der beschriebenen Art und Weise keinen Erfolg haben, empfehlen wir Ihnen den Einsatz eines Kopfhalfters.

Vorteile des Kopfhalfters

Das Kopfhalfter ist eine echte Alternative zu althergebrachten Methoden wie z. B. dem Stachelhalsband und besonders gut geeignet für Menschen, deren Hunde über so viel Kraft verfügen, daß eine Korrektur mit normalem Halsband schwerfällt. Darüber hinaus eignet es sich auch, um dominante, wenig kooperationsbereite Hunde zu führen, da die direkte Einwirkung am Kopf diesen bewußt macht, daß sie sich führen lassen müssen und nicht selbst führen dürfen.
Das Halfter kann darüber hinaus helfen, Machtansprüche von Hunden zu dämpfen.

Gewöhnung an das Kopfhalfter

Ablenkungsreize einsetzen

Um den Hund mit dem Halfter vertraut zu machen, bedarf es einer gewissen Eingewöhnungsphase, die überlegt aufgebaut sein sollte. Gehen Sie hierbei nicht zu schnell vor.
Wenn Sie dem Hund das Kopfhalfter zum erstenmal umlegen, achten Sie darauf, daß dies zu Hause in einer entspannten Atmosphäre geschieht. Gleichzeitig setzen Sie Ablenkungsreize ein. Legen Sie das Halfter um, kurz bevor der Hund gefüttert wird. Hat er gefressen, nehmen Sie es gleich wieder ab. Zusätzlich ziehen Sie dem Hund das Halfter am ersten Tag zwei- bis dreimal an und leiten unmittelbar danach ein Spiel mit ihm ein.
Achten Sie darauf, daß das Spiel verlockend und spannend ist. Einige Minuten reichen aus. Sie brechen das Spiel ab und ziehen das Halfter aus. Verlängern Sie die Minuten, in denen der Hund das Kopfhalfter im Haus trägt, täglich etwas, und lenken Sie ihn dabei durch Spiel, Fütterung, Leckerchen ab. In dieser Phase, die bei täglichem Üben ca. vier bis fünf Tage

So wird der Hund am Kopfhalfter geführt.

dauern sollte, legen Sie bitte keinesfalls die Leine an das Halfter. Der Hund soll Zeit haben, das Halfter als etwas Harmloses kennenzulernen. Lassen Sie sich nicht verführen, das Halfter ohne Eingewöhnungsphase zu testen. Möglicherweise sträubt Ihr Hund sich stark gegen die für ihn sehr ungewohnte Form der Einwirkung, und Sie haben sich um eine echte Möglichkeit gebracht, einen Hund zu bekommen, der sich mit zwei Fingern an der Leine führen läßt.

Natürlich ist es leichter, ein Stachelhalsband zu kaufen und es dem Hund ohne lange Zeremonien anzulegen. Viele Hunde ziehen in der Öffentlichkeit an der Leine, weil sie nicht genügend ausgelastet sind, weil sie den Streß ihrer Umwelt schwer ertragen oder weil Sie die körperliche Schwäche des Besitzers spüren. Oftmals haben sich die Besitzer dieser Hunde durchaus bemüht, und nicht immer sind sie pauschal schuld an dieser Unart des Vierbeiners.

Korrektes Anlegen des Kopfhalfters.

Das Kopfhalfter ist eine echte Alternative zum Stachelhalsband und erspart dem Hund unnötige Schmerzen und Unlustgefühle von seiten seines geliebten Besitzers.
Aus Fairneß dem Hund gegenüber sollten wir uns die Mühe machen, die kleine Anstrengung der Eingewöhnung auf uns zu nehmen. Das Ergebnis wird Sie überraschen!

Das Kopfhalfter

Übungen mit zwei Leinen oder Doppelleine

Haben Sie das Gefühl, Ihr Hund sei nun ohne Leine einigermaßen vertraut mit dem Halfter, legen Sie ihm zusätzlich sein gewöhnliches Halsband an und verbinden eine Leine mit dem Kopfhalfter und eine zweite mit dem Halsband. Alternativ können Sie eine Leine mit zwei Haken verwenden.
Üben Sie zunächst an einem Ort mit wenig Ablenkung. Führen Sie den Hund an der Leine, die am Halsband befestigt ist. Die Leine zum Halfter lassen Sie locker durchhängen. Nachdem Sie eine Weile so gelaufen sind, beginnen Sie in den Wendungen zum ersten Mal gleichzeitig vorsichtig an der Halfterleine zu ziehen, um den Hund in Ihre Richtung zu bewegen. Wehrt sich der Hund, lassen Sie die Halfterleine los, führen den Hund an der Halsbandleine weiter, ohne auf ihn zu warten. Ist er wieder auf Ihrer Höhe, so nehmen Sie die Halfterleine wieder auf und versuchen es erneut.

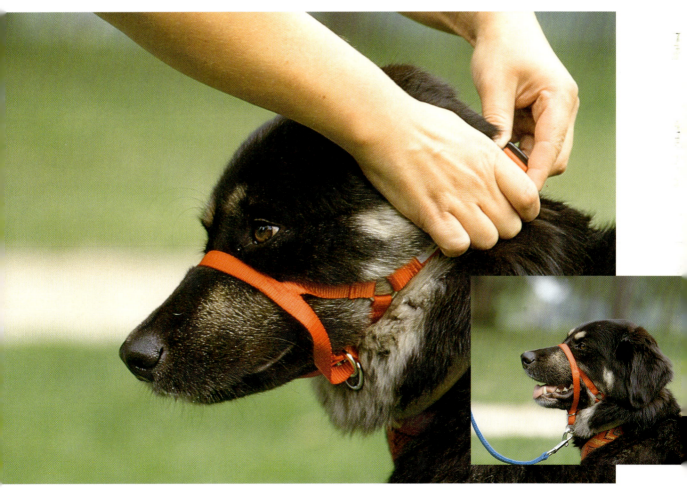

Das Kopfhalfter darf weder zu groß noch zu klein sein.

Hier wird eine Doppelleine verwendet.

Folgt Ihnen der Hund ohne größeren Protest, beginnen Sie mit Halsband- und Halfterleine gleichzeitig zu führen, d. h., beide Leinen werden gleich kurz bzw. gleich lang gehalten. Protestiert Ihr Hund, geben Sie mit der Halfterleine nach, verlangen aber durch Einsatz der zweiten Leine, daß der Hund Ihnen auf gleicher Höhe folgt. Tut er dies, bringen Sie erneut die Halfterleine zum Einsatz und gehen nun langsam dazu über, die Halsbandleine zu vernachlässigen, d. h., diese Leine hängt nun durch, geführt wird hingegen am Kopfhalfter.

Haben Sie dieses Stadium erreicht, setzen Sie die Halsbandleine nur noch ein, wenn der Hund sich gegen das Kopfhalfter wehrt. Dies versucht er im allgemeinen, indem er sich weigert weiterzulaufen. Vernachlässigen Sie in diesem Fall sofort die Halfterleine und verlangen, daß Ihr Hund an der gewohnten Leine auf Ihrer Höhe läuft.

Üben Sie dies jeden Tag, und nach wenigen Tagen werden Sie den Hund ausschließlich mit der Halfterleine führen können.

Lob nicht vergessen

Selbstverständlich ist, daß der Hund für jeden Schritt, den er in der Gewöhnungsphase ohne Protest am Halfter neben Ihnen läuft, ausführlich mit der Stimme gelobt werden muß. Dies ist ganz nebenbei ein sehr gutes Stimmtraining für Sie. Gleichzeitig sollten Sie den Hund großzügig mit Leckerchen belohnen.

Wann wird das Kopfhalfter eingesetzt?

Die Erfahrung hat uns gezeigt, daß diese Eingewöhnung, sofern man schrittweise vorgeht, schnell und problemlos funktioniert. Lassen Sie sich also bitte von der komplizierten Beschreibung nicht abschrecken.

Nicht verschwiegen werden soll, daß das Kopfhalfter kein Wundermittel ist, das aus einem wilden, unerzogenen Rabauken ein sanftes Schäfchen macht und mit dessen Hilfe man sämtliche Erziehungsmaßnahmen außerhalb der Leinenführigkeit vernachlässigen kann.

Das Kopfhalfter ist eine Erfindung, die sowohl zu erzieherischen als auch zu therapeutischen Zwecken einsetzbar ist und längst überfällig war. Es ist eine Erziehungshilfe nicht mehr, aber auch keinesfalls weniger.

Setzen Sie das Halfter ein, wenn Sie mit dem Junghund oder erwachsenen Hund die Leinenführigkeit durch intensives Training nicht verbessern können! Bei Welpen unter 20 Wochen ist das Halfter jedoch fehl am Platz.

ÜBUNGSPLAN »KOPFHALFTER«

	Wie wird's gemacht?	Wo?	Wie oft üben?	Hilfe, es klappt nicht!	Lernziel
Schritt 1	Gewöhnung: Kopfhalfter mit freundlichen Worten anlegen und dem Hund sofort Futter hinstellen (ggf. etwas besonders Leckeres). Nach dem Fressen Halfter sofort wieder abnehmen. Zusätzlich: Halfter anlegen, Kopf massieren, abnehmen.	Zu Hause ohne Ablenkung.	Täglich mindestens sechsmal, jeweils nur für zwei bis drei Minuten; ca. eine Woche lang, bei besonders gelassenen Hunden evtl. nur drei bis vier Tage.	Frißt der Hund nicht, versuchen Sie es mit Spielzeug oder mit sehr gutem Futter (evtl. nach eintägigem Fasten).	Ihr Hund läßt sich das Kopfhalfter gern anlegen und wehrt sich nicht.
Schritt 2	Laufen mit Kopfhalfter: Locken Sie den Hund mit Leckerchen mit Kopfhalfter durch die Wohnung. Alle paar Schritte ein Leckerchen geben!	Zu Hause, später evtl. im Garten, Hof etc., ohne Ablenkung.	Täglich mindestens sechsmal, jeweils ca. fünf Minuten; ca. drei bis vier Tage.	Zurück zu Schritt 1.	Der Hund läuft mit Kopfhalfter (ohne Leine) einige Schritte.
Schritt 3	Laufen mit Leine: Sie brauchen eine Doppelleine (oder zwei Leinen). Einen Haken am Halfter, einen am Halsband befestigen. Die Leinen halten Sie locker in der Hand, locken Sie Ihren Hund immer noch mit Leckerchen vorwärts.	Zu Hause, beim Spaziergang zwischendurch, ohne Ablenkung.	Täglich mindestens sechsmal, jeweils ca. fünf Minuten; ca. drei bis vier Tage.	Wehrt sich der Hund immer noch gegen das Kopfhalfter, führen Sie seinen Kopf sanft nach oben. Sobald er entspannt ist, lassen Sie die Leine wieder locker. Loben!	Hund zieht nicht mehr an der Leine!
Schritt 4	Hund immer an Doppelleine führen! Kleine Wendungen einbauen, Leckerchen langsam abbauen.	Ablenkung langsam steigern.	Bei jeder Gelegenheit. Führen Sie Ihren Hund normalerweise selten an der kurzen Leine, dann immer noch mehrmals täglich gezielt üben!	Häufiger üben.	Hund zieht nicht mehr an der Leine!

Praktische Hundeerziehung

Los, spiel mit mir!

AUS

Lernziel	Der Hund soll lernen, auf das Hörzeichen sofort fallen zu lassen, was sich gerade in seinem Maul befindet.
Hörzeichen AUS	Als Hörzeichen hat sich **AUS** bewährt. Sie haben mehrere Möglichkeiten, dies mit Ihrem Hund zu üben.

Die Tauschmethode mit Leckerchen

Die erste Möglichkeit besteht darin, dem Hund sozusagen im Tausch ein Leckerchen anzubieten. Der Vorteil dieser Methode ist, daß sie gewaltfrei ist, der Nachteil, daß sie nur durchgesetzt werden kann, wenn der Hund sich in Ihrem direkten Einflußbereich befindet. Ist der Hund einige Meter von Ihnen entfernt, z. B. beim Spaziergang, und nimmt unterwegs irgend etwas auf, wird es Ihnen schwerfallen, schnell genug mit dem Leckerchen in der Hand bei Ihrem Hund anzukommen. Sinnvoll ist die Tauschmethode, um dem Hund z.B. beizubringen, sein Spielzeug herzugeben. Können Sie den Hund mit seinem Spielzeug nicht zu sich rufen, sollten Sie an der Leine mit ihm spielen (bitte lesen Sie im entsprechenden Kapitel nach). So kann sich der Hund nicht entziehen, und Sie können im Spiel **AUS** mit Leckerchen üben.

Wenn Sie das Hörzeichen geben, soll er sein Spielzeug sofort fallen lassen.

Schritt 1: Hörzeichen im nachhinein geben

Halten Sie dem Hund das Leckerchen direkt vor die Nase. In den ersten Wochen Ihres Trainings sagen Sie erst **AUS**, wenn der Hund das Maul geöffnet hat, bitte nicht vorher. Geben Sie ihm die Möglichkeit, erst einmal zu lernen, was Sie von ihm wollen, bevor Sie Hörzeichen geben, die der Hund möglicherweise nicht befolgt. Sonst lernt der Hund blitzschnell, Hörzeichen zu ignorieren, statt sie zu befolgen. Das Timing muß stimmen.

Das Leckerchen wird über die Nase des Hundes gehalten. Sobald er sein Spielzeug fallen läßt, geben Sie das Hörzeichen **AUS**. Um zu erreichen, daß der Hund zuverlässig lernt, darauf zu reagieren, ist Fleiß unbedingt erforderlich. Bei drei- bis viermaligem Üben am Tag wird der Hund kaum lernen, zuverlässig sein Spielzeug fallen zu lassen.

Schritt 2:
AUS fordern!

Nach einigen Tagen fleißigen Übens können Sie davon ausgehen, daß der Hund begriffen hat, worum es hier geht, und Sie können beginnen, **AUS** zu fordern, auch ohne Leckerchen. Reagiert er möglicherweise nicht auf Ihr Hörzeichen, obwohl Sie fleißig geübt haben, wenden Sie den Schnauzgriff an. Läßt der Hund das Spielzeug dann immer noch nicht fallen, nehmen Sie es ihm aus dem Maul und brechen das gemeinsame Spiel sofort ab. Beachten Sie den Hund mindestens eine halbe Stunde überhaupt nicht mehr.

Aus

Tauschmethode: Orson kann es. Bereitwillig läßt er sein Spielzeug fallen.

Tauschmethode mit Spielzeug	Als Alternative zur Tauschmethode mit Leckerchen, können Sie auch ein zweites, identisches Spielzeug wählen, welches Sie dem Hund über die Nase halten. Ansonsten ist die Vorgehensweise die gleiche wie oben, ebenso die Vorteile, leider auch die Nachteile.
Die Haltemethode	Eine ausgezeichnete Methode, dem Hund beizubringen, Stöckchen oder Spielzeug herzugeben, ist die Haltemethode. Auch hier muß sich der Hund in Ihrem direkten Einflußbereich befinden. Für Freßbares ist diese Methode allerdings nicht geeignet. Fassen Sie dem Hund mit dem einen Arm unter den Bauch, mit dem anderen vor die Brust. Ziehen Sie ihn dabei ruhig und fest an sich, so daß er ruhig stehenbleiben muß. Halten Sie ihn so ruhig wie möglich. Sprechen Sie ihn nicht an, sondern strahlen Sie einfach nur so viel Ruhe aus wie möglich. Der Hund wird nach einiger Zeit sein Spielzeug fallen lassen. Es gibt Hunde, bei denen es nur wenige Sekunden dauert, bis

sie sich so entspannen, daß ihnen das Spielzeug automatisch aus dem Maul fällt. Andere jedoch haben wir schon bis zu mehreren Minuten in der beschriebenen Weise gehalten, ehe sie bereit waren, ihr Spielzeug fallen zu lassen. Hierbei handelte es sich jedoch immer um erwachsene Hunde, die ohnehin alles ungern oder gar nicht hergaben. Die weitaus meisten Hunde jedoch, egal ob jung oder alt, lassen das Spielzeug nach kürzester Zeit fallen.

Auch hier gilt: Geben Sie kein Hörzeichen, bevor der Hund das gewünschte Verhalten zeigt.

Diese Methode ist überraschend einfach und zuverlässig. Man kann immer darauf zurückgreifen, wenn der Hund einmal sein Spielzeug gar nicht hergeben will. Genausogut kann man einem Hund mit dieser Methode zuverlässig **AUS** beibringen. Dann muß man jedoch schrittweise vorgehen und darf die Handlung per Hörzeichen erst dann einfordern, wenn man sicher ist, daß der Hund das Hörzeichen sofort befolgt.

Die Haltemethode – einfach und zuverlässig.

Zehnmaliges Einfordern nach dem Motto „**AUS**, laß jetzt! **AUS**, gib's endlich!" usw. ist, wie überall in der Hundeerziehung, kontraproduktiv, da der Hund hierbei lernt, den Menschen und seine Wünsche zu ignorieren.

Beide Methoden nebeneinander anwenden

Die beschriebenen Varianten können durchaus nebeneinander angewandt werden, sofern sie bei Ihrem Hund generell funktionieren. Ist Ihr Hund z.B. überhaupt nicht an Leckerchen interessiert, dann lassen Sie die Leckerchenvariante weg.

Haben Sie einen Hund, der beim Spaziergang permanent irgendwelche Dinge aufnimmt und frißt, helfen Ihnen die oben beschriebenen Möglichkeiten nur unterstützend. Ganz ausreichen werden Sie jedoch wahrscheinlich nur bei einem sensiblen Tier in Verbindung mit einem fleißigen Besitzer, der mindestens zwanzigmal am Tag **AUS** durch die beschriebenen Varianten übt. Bei diesem Verhalten ist es notwendig, den Hund in flagranti zu erwischen. Die Möglichkeiten sind vielfältig und müssen der Sensibilität des Hundes angepaßt sein.

Zunächst ist hier Ihr Standort von Bedeutung. Brüllen Sie nicht aus zehn Metern Entfernung dem Hund ein **AUS** entgegen. Er wird wahrscheinlich seelenruhig weiterfressen, um dann vor Ihnen wegzulaufen, sobald Sie ihn fast erreicht haben. Schleichen Sie sich dezent an Ihren Hund an, und reagieren Sie erst, wenn Sie direkt bei ihm sind. Bei manchen Hunden reicht es aus, wenn Sie an Ort und Stelle ein kurzes Donnerwetter auf sie niederlassen. Hier muß jedoch Ihr Ton dem Inhalt Ihrer Wort entsprechen. Nichts interessiert den Hund weniger als ein „Du sollst nichts von der Straße aufnehmen" in höflichem Bitte-Bitte-Ton.

Hört der Hund auf zu fressen, loben Sie ihn höchst freudig. Sie können ihm nun alternativ ruhig ein Leckerchen geben. Auf jeden Fall müssen Sie ihn loben, sobald er die Handlung unterbricht.

So sieht ein korrekter Schnauzgriff aus.

Der Schnauzgriff

Beim Schnauzgriff umfassen Sie von oben die Schnauze Ihres Hundes. Drücken Sie die oberen Lefzen des Hundes gegen seine Zähne, bis der Hund sein Maul öffnet. Dies stellt eine strengere Form der Korrektur dar und eignet sich z. B., wenn der Hund etwas zum Fressen im Maul hat. Loben Sie ihn, wenn er den Gegenstand fallen läßt.

Für Fortgeschrittene
VARIATIONEN DER PLATZ-ÜBUNG

Platz auf Entfernung: lassen Sie den Hund zuerst sitzen.

Um sich selbst und Ihren Hund nicht zu langweilen, sollten Sie verschiedene Varianten der **PLATZ**-Übung in Ihr Trainingsprogramm einbauen. Darüber hinaus ist Abwechslung beim Lernen von großer Bedeutung für die Erfolgssteigerung. Abwechslung beim Lernen kann jedoch auch problematisch werden, wenn man zu schnell vorgeht und die Dinge durcheinanderwirft. Gehen Sie schrittweise vor. Überfordern Sie weder den Hund noch sich selbst.

In den ersten Tagen üben Sie bitte lediglich die bislang erklärte Variante. Haben Sie erreicht, daß Ihr Hund sich relativ schnell auf Ihr erstes Hörzeichen hinlegt und schon kurze Zeit (ca. zwei bis drei Minuten bei geringer/mittlerer Ablenkung) liegenbleibt, ohne daß eine Korrektur nötig ist, beginnen Sie zu variieren.

Variante 1: PLATZ auf Entfernung
Schritt 1: Vor dem Hund stehend üben

Zunächst geben Sie dem Hund das Hörzeichen **SITZ** und stellen sich direkt vor ihn. Schauen Sie ihn an. Steht er auf oder legt sich hin, wird er korrigiert.
Geben Sie das Hörzeichen **PLATZ** zeitgleich mit dem entsprechenden Sichtzeichen. Liegt der Hund, loben Sie ihn.

Variationen der Platz-Übung

Legt er sich nicht hin, geben Sie ihm einen kleinen Ruck an der Leine in Richtung Boden und loben dann.
Um die Übung neu aufzubauen, nehmen Sie die Leine wieder auf und warten einen kleinen Moment in entspannter, auf-

rechter Körperhaltung. Dieses kurze Warten ist ausgesprochen wichtig. Es lehrt den Hund, geduldig zu sein und nicht sofort aus der **PLATZ**-Position aufzuspringen, sobald Sie sich der Leine nähern. Außerdem provoziert es den Hund aufzustehen, bevor Sie das Hörzeichen **SITZ** gegeben haben, und jede Korrektur bringt Sie einen Schritt weiter.
Haben Sie kurz gewartet, und Ihr Hund hat sich in der gewünschten Form geduldig verhalten, geben Sie das Hörzeichen **SITZ** in möglichst freudiger Stimmlage und helfen dem Hund sanft, an der Leine zu sitzen. Auch dafür gibt es selbstverständlich ein Lob.

Schritt 2: Langsam entfernen

Entfernen Sie sich im nächsten Schritt der Übung langsam mit Blickrichtung zum Hund, für den Anfang jedoch nicht weiter als ein bis zwei Schritte. Geben Sie das Hörzeichen **PLATZ** mit der gewohnten Körperhilfe.
Reagiert der Hund sofort nach dem ersten Hörzeichen, loben Sie überschwenglich. Reagiert er nicht, machen Sie einen schnellen Schritt in seine Richtung und geben ihm einen kleinen Ruck an der Leine in Richtung Boden (Sichtzeichen nicht

vergessen!). Achten Sie darauf, daß Sie nicht an der Leine ziehen! Ein kurzer Ruck wirkt im allgemeinen besser, da viele Hunde sich gegen permanentes Ziehen automatisch sträuben. Beginnen Sie nun schrittchenweise, die Entfernung zum sitzenden Hund zu vergrößern, und trainieren Sie diese Variante regelmäßig.

Fehler vermeiden	Die folgenden Fehler können sich bei dieser Übung einschleichen und sollten vermieden werden.
Entfernung nicht zu schnell steigern	Vergrößern Sie die Entfernung zum sitzenden Hund erst dann, wenn der Hund das Hörzeichen auf die momentane Entfernung beim ersten **PLATZ** befolgt.
Hörzeichen nur einmal geben	Geben Sie das Hörzeichen nur einmal. Reagiert Ihr Hund nicht, machen Sie einen schnellen Schritt auf ihn zu und geben einen kleinen Ruck an der Leine.
Richtig korrigieren	Der Hund soll lernen, sich an der Stelle hinzulegen, an der er sich befindet, wenn das Hörzeichen ertönt. Viele Hunde stehen bei dieser Übung auf und laufen auf ihre Besitzer zu. Nehmen Sie den Hund in diesem Fall an der Leine, und legen Sie ihn an der ursprünglichen Position wieder hin.

Variationen der Platz-Übung

Zuerst muß der Hund korrekt sitzen. Vermeiden Sie es, die Entfernung zu schnell zu steigern.

Haben Sie einen Hund, der auf Sie zuläuft, anstatt sich hinzulegen, verkleinern Sie erneut Ihre Entfernung zum Hund, und machen Sie beim nächsten Versuch zeitgleich zum Hörzeichen einen Ausfallschritt in Richtung Vierbeiner, verbunden mit einem deutlichen Sichtzeichen (Hand auf den Boden).

Deutliche Sichtzeichen

Mangelnde Körpersprache verleitet ebenfalls viele Hunde zu Fehlern. Mit einer deutlichen Körpersprache helfen Sie dem Hund, Sie besser zu verstehen, und vermeiden dadurch Mißverständnisse.

Nicht den Namen rufen

Vermeiden Sie es, den sitzenden Hund, bevor Sie das Hörzeichen **PLATZ** geben, beim Namen anzusprechen. Das Nennen des Hundes beim Namen in dieser Situation ist kontraproduktiv, da es den Hund verleitet, aufzustehen und zu Ihnen zu laufen. Er macht dabei noch nicht einmal einen Fehler, denn häufig nennt man den Hund beim Namen, um ihn zu rufen oder auf sich aufmerksam zu machen.

| Zu häufige Wiederholung | Üben Sie diese Variante ca. fünf- bis sechsmal am Tag hintereinander, möglichst nicht öfter, außer es liegen einige Stunden zwischen den Übungseinheiten. Es langweilt den Hund und Sie wahrscheinlich auch. Lassen Sie sich beim Neuaufbau viel Zeit, so wie es oben beschrieben ist. |

Variante 2: PLATZ beim Laufen an der Leine

Diese Übung sollten Sie einführen, sobald Ihr Hund sich prinzipiell bei der klassischen Übungsvariante schnell hinlegt und schon ohne Korrektur länger liegenbleibt. Variante 1 sollte also schon eingeführt sein.

Lassen Sie Ihren Hund mit dem Hörzeichen **LAUF** an das Ende der Leine, und bewegen Sie sich mit ihm in Spaziergehtempo in die von Ihnen gewünschte Richtung. Geben Sie dem Hund keine Hörzeichen, beachten Sie ihn nicht (scheinbar!), und korrigieren Sie lediglich sein Ziehen an der Leine, wie im Kapitel Leinenführigkeit (Seite 127) beschrieben.

Variationen der Platz-Übung

Beobachten Sie Ihren Hund genau. Haben Sie das Gefühl, er ist gerade besonders abgelenkt und achtet gar nicht auf Sie, geben Sie das Hörzeichen **PLATZ** und machen einen Ausfallschritt in seine Richtung in Verbindung mit dem Sichtzeichen.

Reagiert der Hund sofort, wird er gelobt. Reagiert er nicht auf das erste Hörzeichen, so machen Sie einen Schritt in seine Richtung und geben einen kleinen Ruck an der Leine. Danach loben Sie ihn. Achten Sie darauf, daß Ihr Hund sich genau an der Stelle legt, an der er sich befindet, wenn Ihr Hörzeichen erfolgt. Andernfalls korrigieren Sie ihn, indem Sie ihn möglichst schnell an diese Stelle führen und dort ablegen.

Lassen Sie ihn einen Moment liegen, und heben Sie dann das Hörzeichen wie oben beschrieben auf: langsames Aufnehmen der Leine, freundliches aufmunterndes **SITZ**.

Platz aus der Bewegung: Achten Sie auf eine eindeutige Körpersprache.

Sie können durchaus an dieser Stelle ein längeres Ablegen von mehreren Minuten einbauen (dies gilt natürlich auch für Variante 1).

Für das Wiederholen dieser Übung gilt dasselbe wie bei Variante 1. Lassen Sie sich Zeit beim Neuaufbau, wiederholen Sie nicht öfter als fünf- bis sechsmal hintereinander.

Klappt die Übung gut bis sehr gut an der normalen Führleine, können Sie den Schwierigkeitsgrad erhöhen, indem Sie dem Hund eine längere Leine anlegen.

Auch diese Übung verstärkt bei regelmäßigem Training das **PLATZ** auf Entfernung und erhöht darüber hinaus die Aufmerksamkeit des Hundes an der Leine.

Variante 3: **PLATZ** innerhalb der Übung **FUSS**	Als Voraussetzung soll der Hund die herkömmliche **PLATZ**-Variante gut beherrschen, Variante 1 und 2 sollten eingeführt sein, der Hund sollte ohne Korrektur kurze Zeit liegenbleiben. Laufen Sie mit dem Hund an der Leine in schnellen Schritten **FUSS**. Laufen Sie nicht zu lange geradeaus, korrigieren und

führen Sie ihn wie im Kapitel **FUSS**-Training (Seite 153) beschrieben. Bleiben Sie abrupt stehen, geben Sie zeitgleich das Hörzeichen **PLATZ** mit Sichtzeichen. Achten Sie darauf, daß Ihr Hund nicht noch weiterkrabbelt, sondern sich an der Stelle hinlegt, an der auch Sie stehen.

Sobald er liegt, entfernen Sie sich vom Hund. Bitte beachten Sie hierbei: Anfangs nur mit Blickkontakt vom Hund wegbewegen. Drehen Sie dem Hund noch nicht den Rücken zu. Sie können ihn sonst nicht schnell genug korrigieren, falls er wie-

Variationen der Platz-Übung

der aufsteht. Des weiteren entfernen Sie sich langsam, in kleinen Schritten und zu Beginn nicht zu weit.

Sie können ein längeres Ablegen folgen lassen oder den Hund abholen und die Übung erneut aufbauen.

Auch hier gilt: Nicht zu häufig hintereinander wiederholen und langsam abholen.

Diese Übung vergrößert die Aufmerksamkeit des Hundes beim **FUSS**-Training und erhöht im allgemeinen die Schnelligkeit beim Ablegen des Hundes.

Variante 4: PLATZ aus dem freien Spiel heraus

Bevor Sie mit dieser Übung beginnen, müssen alle anderen Varianten gut klappen. Der Hund soll sich schon zuverlässig mehrere Minuten ohne Korrektur ablegen lassen. Außerdem sollten Sie das Prinzip des Spiels mit dem Hund verinnerlicht haben, wie im entsprechenden Kapitel beschrieben.

Diese Variante sollte jedoch erst begonnen werden, wenn die oben genannten Bedingungen erfüllt sind (dies gilt für den Junghund und für den erwachsenen Hund, nicht aber für den

Platz aus dem Spiel heraus: Der Aussie Shean ist mit Freude dabei.

Welpen). Andernfalls lernt der Hund leider nicht ausreichend, daß wir unsere Hörzeichen ernst meinen, und dies wird sich nicht nur in unzuverlässigem Abliegen zeigen.

So wird's gemacht

Nehmen Sie die Leine des Hundes in die eine, das Spielzeug in die andere Hand. Leiten Sie das Spiel mit dem Hund in der beschriebenen Weise ein, spielen Sie mehrere Sekunden mit vollem Einsatz, achten Sie darauf, daß Sie das Spiel zu diesem Zeitpunkt so dominieren, daß der Hund das Spielzeug nicht fassen kann. Ist der Hund möglichst erregt, geben Sie das Hörzeichen **PLATZ**. Gleichzeitig geben Sie das Sichtzeichen mit der Hand, in der Sie das Spielobjekt halten. Achten Sie darauf, daß Sie zu Beginn wirklich nur wenige Sekunden, dafür jedoch mit vollem Einsatz spielen, bevor Sie das Hörzeichen geben.

Der Hund sollte auf dem Höhepunkt der Begeisterung sein. Anfangs ist es nicht leicht, dieses Verhalten in die Länge zu ziehen. Zählen Sie, sobald der Hund liegt, in Gedanken bis drei (nicht zu schnell), geben Sie das Hörzeichen **LAUF** und leiten eine zweite Spielrunde ein. Diesmal lassen Sie den Hund das Spielzeug fassen.

Haben Sie einige Tage in dieser Form trainiert und bemerken eine steigende Begeisterung und Freude beim Hund, können Sie die Anzahl der kurzen Spielrunden, in denen der Hund das Spielzeug nicht fassen soll, Sie jedoch **PLATZ** verlangen, auf drei bis vier Runden erhöhen. Machen Sie dies bitte nicht zu früh. Hält sich die Begeisterung und die Konzentration des Hundes noch in Grenzen, lassen Sie den Hund noch in jeder zweiten Runde das Spielobjekt fassen.

Innerhalb dieser Variante erfolgt nach dem Hörzeichen kein längeres Abliegen. Abgebrochen wird diese Übung immer damit, daß Sie das Spiel beenden und das Spielzeug wegstecken. Beenden Sie also hier nie mit **PLATZ**, sondern lediglich mit Spielabbruch. Das **PLATZ** soll hier immer durch Spielaktivität belohnt werden. Übrigens: Sofern Sie „richtig" spielen, beginnt das Spiel für den Hund nicht erst, wenn er sein Spielzeug im Maul hält.

Gehorchen macht Spaß!

Das praktische Ziel dieser Übung ist, ein schnelles, freudiges Abliegen des Hundes zu erreichen. Das ideale Ziel ist, dem Hund zu vermitteln, daß es lustvoll ist, unsere Hörzeichen zu befolgen. Deshalb ist es unabdingbar, daß der Hund in einer der Spielrunden (in jedem Fall in der letzten) das Spielobjekt erhält.

Variieren Sie die beschriebenen Varianten, vernachlässigen Sie jedoch keinesfalls das lange Abliegen. Steht eine der anderen zuvor beschriebenen **PLATZ**-Varianten am Ende Ihrer täglichen Übungseinheit, lassen Sie als Belohnung zum Schluß selbstverständlich ebenfalls Spiel folgen.

FUSS-TRAINING

Lernziel

Läuft der Hund normal an der Leine, bezeichnen wir dies als Leinenführigkeit. Soll der Hund aber immer dicht an Ihrer Seite bleiben, sich Ihrer Gangart und eventuellen Wendungen perfekt anpassen und sich hinsetzen, sobald Sie stehenbleiben, nennen wir dies „**FUSS**-Training".
Ein genaues „**FUSS**-Laufen" ist die Voraussetzung für die sogenannte Freifolge, d. h., der Hund bleibt ohne Leine auf der von Ihnen gewünschten Seite. Um dies zu erreichen, ist allerdings häufiges Üben erforderlich. In Perfektion ist dies erst nach einigen Monaten intensiven Trainings möglich!

Hörzeichen

Als Hörzeichen verwendet man **FUSS**. Der Tonfall ist aufmunternd und fröhlich.

Schritt-für-Schritt-Anleitung

Schritt 1: Leckerchen als Lockmittel

Sie nehmen den Hund in die Grundstellung an Ihre linke Seite (oder auf die rechte) und verlangen **SITZ**. Nach einem kurzen Stehenbleiben, geben Sie das Hörzeichen **FUSS** in einem aufmunternden, fröhlichen Tonfall. Sie haben hierzu ein Leckerchen in der Hand, das Sie Ihrem Hund vor die Nase halten. Gleichzeitig gehen Sie flott los, das (sehr kleine) Leckerchen immer über der Nase des Hundes. Für den Anfang genügen einige Schritte (nicht mehr als zehn).
Die Leine halten Sie so, daß der Hund dicht neben Ihnen laufen muß. Laufen Sie nur so lange, wie der Hund sich auf das Leckerchen konzentrieren kann. Bevor seine Konzentration nachläßt, bekommt er es. Sie entlassen ihn gleichzeitig mit einem fröhlichen **LAUF** und toben ein wenig mit ihm herum.
Nun verlangen Sie wieder **FUSS**, zücken erneut ein Leckerchen und beginnen von vorn. Diese Übung können Sie täglich drei- bis viermal wiederholen.

Geizen Sie nicht mit Leckerchen.

Schritt 2: Wendungen einbauen

Mit zunehmender Konzentration des Hundes auf das Leckerchen beginnen Sie, kleine Winkel und Wendungen einzubauen. Gehen Sie nicht zu lange geradeaus (höchstens einige Schritte), dann bauen Sie Wendungen ein, damit der Hund lernt, Ihnen zu folgen.

Vorsicht: Überfordern Sie den Hund nicht! Der Hund soll noch nicht perfekt **FUSS** laufen, sondern lediglich das Hörzeichen kennenlernen und Spaß damit verknüpfen. Bis zum Ende des Welpenalters darf das **FUSS**-Training beispielsweise einige wenige Minuten am Stück nicht überschreiten! Mit zunehmendem Alter kann man eine zunehmend längere Konzentration des Hundes verlangen. Sie dürfen Ihren Hund jedoch nie überfordern, damit er den Spaß an der Sache nicht verliert.

Das richtige Timing

Der wichtigste Punkt ist hier das richtige Timing: Die Verstärkung durch das Leckerchen muß im richtigen Moment kommen. Der Hund läuft an lockerer Leine neben Ihnen und schaut sie an! Sieht er weg, springt er hoch oder zieht er

Kurze Übungseinheiten mit vielen Wendungen führen zum Erfolg.

gerade, bekommt er auf keinen Fall ein Leckerchen. Dieses Timing und das Handling mit Leckerchen, Leine und Hund sind nicht ganz leicht und erfordern häufiges Üben! Reagiert Ihr Hund nicht genügend auf Leckerchen, müssen Sie darauf achten, daß er zu Beginn des Trainings auf jeden Fall Appetit hat. Benutzen Sie notfalls Wurst- oder Käsestückchen oder sein Lieblingsspielzeug. Beachten Sie in diesem Fall unbedingt auch das Kapitel zur Hundeernährung (Seite 37).

Natürlich gibt es auch Hunde, die stärker auf Spielzeug reagieren. Selbstverständlich können Sie in diesem Fall das Spielzeug benutzen. Sie werfen es mit einem freudigen **LAUF** weg, wenn Sie Ihren Hund belohnen wollen.

HUNDEERZIEHUNG IM ALLTAG

- 158 KONSEQUENZ IM TÄGLICHEN UMGANG
- 161 REGELN FÜR DEN ALLTAG
- 163 ALLTAGSÜBUNGEN
- 165 MANIPULATIONSVERHALTEN – DIE HEIMLICHEN SIEGER
- 172 OFFENES DOMINANZVERHALTEN
- 173 HOCHSPRINGEN ABGEWÖHNEN
- 175 UNERWÜNSCHTES VERHALTEN IM HAUS
- 183 SOZIALKONTAKT MIT ANDEREN HUNDEN
- 184 VERHALTEN AN DER LEINE
- 187 AUSLAUF
- 188 SPAZIERENGEHEN UND STREUNEN
- 193 AUTOFAHREN
- 195 KINDER UND HUNDE

KONSEQUENZ IM TÄGLICHEN UMGANG

Konsequenz im täglichen Umgang mit dem Hund ist außerordentlich wichtig. Natürlich sind Erziehungsübungen wie **SITZ, PLATZ** usw. wichtig, der Hund sollte sie beherrschen. Doch das Ganze soll nicht im luftleeren Raum stehen oder auf die wenigen Minuten am Tag beschränkt sein, die Sie für Erziehungsübungen aufwenden. Dieses Kapitel möchte Anregungen für den Alltag geben, Hörzeichen in markanten Situationen einzusetzen, in denen viele Hunde erfahrungsgemäß ihren Kopf durchsetzen und so Tag für Tag mehrfach die Erfahrung machen, alles zu bekommen, was sie wollen, ohne dafür etwas für Herrchen oder Frauchen tun zu müssen. Dies wirkt sich verheerend auf die Bereitschaft des Hundes aus, den Hörzeichen Folge zu leisten.

Außerdem möchten wir Ihnen einige grundlegende Gedanken über Konsequenz mit auf den Weg geben.

Schicken Sie Ihren Hund weg, wenn er im Weg liegt.

Verlangen Sie nichts, was Sie nicht durchsetzen können

Dies ist einer der wichtigsten Grundsätze in der Hundeerziehung. Konsequenz bedeutet, sich stets an die gleichen Regeln zu halten. Aber es bedeutet vor allem auch, nichts zu fordern, was man nicht durchsetzen kann oder will, da man ansonsten automatisch inkonsequent verfährt.

Angenommen Sie wissen nicht genau, ob Ihr Hund unter großer Ablenkung **SITZ** o. ä. befolgt, oder Sie sind sich relativ sicher, daß Sie das Hörzeichen fünf- oder sechsmal geben müssen, bis der Hund es gnädigerweise befolgt, um nach spätestens drei Sekunden wieder aufzuspringen, so verlangen Sie auch nichts von ihm.

Das Gleiche gilt für andere Hörzeichen. Um unter Ablenkung erfolgreich zu sein, muß man erst in ablenkungsfreier Umgebung Erfolg haben und schließlich die Ablenkung erhöhen und die Plätze entsprechend wechseln. Sind Sie resolut und trauen sich zu, Ihre Hörzeichen auch durchzusetzen: Dann können Sie sie geben. Sind Sie sich aus welchem Grund auch immer nicht hundertprozentig sicher, daß der Hund die Hörzeichen befolgen wird, und fühlen Sie sich zu unsicher, auf der Befolgung zu bestehen, so geben Sie dem Hund keinesfalls ein Hörzeichen. Er hat sonst ein für Sie katastrophales Lernerlebnis: „Hörzeichen? Nein Danke!" Der

Konsequenz im täglichen Umgang

So nicht!

Sitz vor dem Aufbruch zum Spaziergang.

Hund wird entweder lernen, Sie und Ihre Hörzeichen zu ignorieren, oder er lernt Ihre Hörzeichen erst nach der sechsten Wiederholung zu befolgen, oder er zeigt seine Ignoranz dadurch, daß er Ihre Hörzeichen zwar befolgt, aber sofort wieder aufhebt, wenn ihm danach ist. Der Mensch betrachtet ein nicht befolgtes Hörzeichen oft als alltägliches kleines Hindernis, welches schnell wieder vergessen ist. Der Hund hingegen lernt dabei, daß er Ihre Hörzeichen getrost vergessen kann. Nehmen wir z. B. an, Sie binden Ihren Hund vor dem Bäcker an, geben ihm Hörzeichen **PLATZ** und gehen hinein. Da dies ein Hörzeichen ist, welches dem Hund nicht gestatten soll, sich von selbst zu erheben, müssen Sie ihn korrigieren, wenn er trotzdem aufsteht. Sie befinden sich in dem Laden, der Hund steht auf. Konsequenterweise müßten Sie nun hinausgehen und ihn korrigieren. Haben Sie dazu Lust und Nerven, um so besser. Vielleicht sehen Sie den Hund aber gar nicht oder sind gerade mit der Suche nach passendem Kleingeld beschäftigt. Den Hund zu korrigieren, wenn Sie wieder herauskommen, ist wenig sinnvoll, da Sie ihn im Moment des Aufstehens nicht „erwischt" haben, also keine Kontrolle über ihn hatten. Besser wäre es also gewesen, gar kein Hörzeichen zu geben.

Privilegien erhöhen den Rang

Ein weiterer Punkt, der in diesem Zusammenhang angesprochen werden soll, sind die sogenannten Binsenweisheiten in der Hundeerziehung, z. B. nicht vom Tisch füttern, nicht auf das Sofa lassen usw., die im Prinzip jeder kennt. Oftmals ist jedoch nicht hinreichend klar, daß es einen Zusammenhang gibt, zwischen dem Hund, der bei den Mahlzeiten seiner Menschen regelmäßig unter dem Tisch liegt und für den dabei auch dann und wann noch einige Happen abfallen, und dem Hund, der seinen Menschen draußen alleine stehen läßt, sobald sich nur die geringste Gelegenheit dazu bietet.
Es gibt Hunde, die wunderbar gehorchen, obwohl sie im Bett schlafen und permanent mit Leckerchen außerhalb der Fütte-

Sie gehen zuerst.

Schmusen auf dem Sofa ist tabu.

rungszeiten verwöhnt werden, obwohl sie nichts dafür getan haben. Bei vielen Hunden, die zuviel verwöhnt werden, ist jedoch das genaue Gegenteil der Fall.

Bereitschaft zur Kooperation oder gar zum Gehorsam ist wenig oder so gut wie gar nicht vorhanden. Durch permanentes Einräumen von Privilegien im Alltag fühlen sich viele Hunde offensichtlich in ihrem Rang erhöht. Möglicherweise ist es auch die ständige Verfügbarkeit, die der verwöhnende Mensch dem Hund signalisiert, die ihn im Grunde für den Hund unattraktiv macht, sobald sich etwas Interessanteres bietet (siehe z.B. häufiges Wegrennen vom Besitzer bei Spaziergängen).

Leider steigt der Gehorsam des Hundes nicht direkt proportional zur Erhöhung des „Verwöhnaromas" durch den Menschen. Das wäre wunderschön, doch Hunde sind nun einmal nicht so veranlagt.

REGELN FÜR DEN ALLTAG

Nehmen Sie sich die beschrieben Alltagssituationen zu Herzen, wenn Sie den Gehorsam Ihres Hundes verbessern oder überhaupt erst aufbauen wollen. Die folgenden Maßnahmen sind mindestens genauso wichtig wie die Vermittlung der grundlegenden Hörzeichen und garantiert gewaltfrei.

Mit der Beachtung dieser Regeln drücken Sie Dominanz aus. Wir verweisen an dieser Stelle noch einmal auf die Bedeutung von verhaltensbiologischem Grundwissen und unsere Literaturempfehlungen.

Niemals vom Tisch füttern.

Kein erhöhtes Liegen!

Gestatten Sie dem Hund nicht, erhöht zu liegen, also kein Ruhen auf Sofa, Bett oder Sessel. Dies gilt auch für das hundeeigene Sofa. Erhöhte Plätze sollten Ihnen als Rudelführer vorbehalten sein.

Futterrangordnung ausnutzen!

Lassen Sie Ihren Hund nicht unter dem Tisch liegen, während Sie essen. Eine Distanz von ein bis zwei Metern sollte er hier immer einhalten. Fressen ist in der Regel äußerst wichtig für Hunde. Damit nutzen Sie die für Hunde wichtige Futterrangordnung zu Ihren Gunsten.

Sie essen zuerst!	Geben Sie Ihrem Hund nichts vom Tisch. Sie als Rudelführer geben prinzipiell nichts von Ihren Leckerbissen ab! Füttern Sie den Hund erst, nachdem Sie selbst gegessen haben. So können Sie sich vor dem Hund wichtig machen. Drängelt er in der ersten Zeit , weil er dies nicht gewohnt ist, lassen Sie sich nicht beirren.
Aus dem Weg!	Liegt Ihr Hund Ihnen permanent im Weg, wenn Sie in Ihrer Wohnung sind, so gehen Sie nicht rücksichtsvoll um ihn herum, sondern verlangen Sie, daß er aufsteht und Ihnen den Weg freigibt.
Sie gehen zuerst!	Rauf, runter, hindurch! Verlangen Sie beim Auf- und Abgang von Treppen, daß Ihr Hund hinter Ihnen läuft. Dies gilt auch für Türen. Auch hier gehen Sie immer zuerst. Um dies durchsetzen zu können, sollten Sie den Hund solange dabei immer

Wichtige Übung: Abstand zum Eßtisch. Links richtig – rechts falsch.

an der Leine haben, bis er Ihnen unangeleint den Vortritt läßt Daran, wie schwer dies durchzusetzen ist, merken Sie, wie wichtig es für den Hund ist, immer und überall als Erster seine Nase durchzustecken.

So banal, wie Ihnen diese Tips auch erscheinen mögen, so hilfreich sind sie doch in der Erziehung des Hundes und so negativ wirkt es sich im allgemeinen aus, diese Punkte nicht zu beachten.

ALLTAGSÜBUNGEN

In den folgenden Alltagssituationen sollten Sie ab sofort Ihre Hörzeichen immer einsetzen und damit die eigene Konsequenz vor dem Hund unter Beweis stellen.

Autofahren

Hunde lieben es im allgemeinen Auto zu fahren. Die meisten Hunde wissen, daß am Ende der Autofahrt etwas Angenehmes steht, oft der Spaziergang. Den soll der Hund auch haben, doch zunächst soll er etwas für uns tun, bevor er mit diesem abwechslungsreichen Erlebnis belohnt wird. Bevor der Hund in das Auto springen darf, geben Sie das Hörzeichen **SITZ** und öffnen das Auto. Auf Hörzeichen **LAUF/HOPP** o. ä. darf der Hund ins Auto springen. Bevor Sie den Hund aus dem Auto herauslassen, geben Sie Hörzeichen **BLEIB** und verlangen einige Sekunden Geduld

vom Hund, bevor er mit **LAUF/HOPP** aus dem Auto darf. Springt er vorher heraus, befördern Sie ihn wieder hinein, schließen die Klappe und warten. Nach einigen Sekunden versuchen Sie es erneut. Lassen Sie die Leine am Hund, so gelingt es Ihnen leichter, ihn zu greifen, sollte er ohne Ihre Erlaubnis aus dem Auto springen. Nachdem der Hund aus dem Auto gesprungen ist, geben Sie Hörzeichen **SITZ** und lassen ihn erst auf Hörzeichen **LAUF** weg.
Auch bei Ihrer Rückkehr zum Auto sollten Sie darauf achten, daß der Hund erst auf Ihr Kommando in das Auto springt. Neben dem erzieherischen Aspekt, erhöht diese Übung auch die Sicherheit für Ihren Hund.

Ein- und Aussteigen nur auf Ihr Hörzeichen hin.

Hundeerziehung im Alltag

Aufbruch zum Spaziergang

Nehmen Sie die Leine zur Hand. Geben Sie Hörzeichen **SITZ**. Erst wenn der Hund das Hörzeichen befolgt, leinen Sie ihn an. Wiederum möchte der Hund etwas, nämlich hinaus aus der langweiligen Wohnung. Das soll er auch, doch kann er dafür durchaus eine Kleinigkeit für Sie tun.
Achten Sie darauf, daß sich der Hund erst auf Ihr Hörzeichen **LAUF** erhebt, und gehen Sie zur Tür. Beachten Sie auch, daß der Hund Ihnen den Vortritt läßt. Um in aller Ruhe die Tür abschließen zu können, geben Sie Hörzeichen **SITZ**, sind Sie fertig, Hörzeichen **LAUF**.

Ableinen

Wo immer Sie den Hund ableinen, sei es zum Pinkeln, Spielen usw., geben Sie vorher Hörzeichen **SITZ**, verlangen kurze Geduld und belohnen mit Hörzeichen **LAUF** und anschließendem Freilauf (ggf. an der Schleppleine).

Vor jedem Ableinen – Sitz.

Diese Vorgehensweisen machen Sie sich bitte erst dann zu eigen, wenn Sie und Ihr Hund innerhalb der Grundübungen schon bei **SITZ** angelangt sind, da Sie hier ansonsten in einen unnötigen Konflikt geraten.

Diese Standardsituationen geben Ihnen täglich die Möglichkeit, Ihre Konsequenz zu demonstrieren und den Hund außerhalb vom eingezäunten Hundeplatz und extra angesetzten Übungszeiten zu erziehen. Sicherlich fallen Ihnen bei einigem Nachdenken noch viel mehr Situationen ein, in die Sie in entsprechender Weise Erziehungsübungen einbauen können. Gleichzeitig haben Sie nun bei der Beschreibung der Alltagssituationen auch eine Vorstellung davon bekommen, wie oft Sie im Alltag Gelegenheit haben, ganz nebenbei Erziehungsarbeit zu leisten.

Manche Hunde, die sich auf dem Hundeplatz ganz ordentlich benehmen, außerhalb aber ganz und gar nicht hören, haben im Alltag möglicherweise zu oft Gelegenheit, sich und ihre Wünsche durchzusetzen. Die Beachtung der o. a. Punkte in Verbindung mit dem Kapitel „Die heimlichen Sieger" ist hingegen schon die halbe Strecke auf dem Ziel zu einem wohlerzogenen Hund.

MANIPULATIONSVERHALTEN – DIE HEIMLICHEN SIEGER

Mit diesem wichtigen Kapitel steht und fällt möglicherweise der komplette Erfolg Ihrer Erziehungsbemühungen. Deshalb empfehlen wir Ihnen eine sorgfältige und selbstkritische Lektüre, egal welches Problem Sie mit Ihrem Hund haben.

Meister der Manipulation

Hunde besitzen unglaublich viele Strategien, ihre Wünsche zu erreichen und ihre Menschen zu manipulieren. Sind Sie tatsächlich der Meinung, daß Sie immer den Ton angeben in Ihrer Mensch-Hund Beziehung? „Wieso?" werden Sie jetzt vielleicht antworten. „Ich übe jeden Tag mindestens eine halbe Stunde mit dem Hund, und der Hund befolgt auch die meisten Hörzeichen schon recht gut, viel besser als früher, obwohl, eben noch nicht immer, wenn er abgelenkt ist …"

Und dennoch: Als erstes müssen wir uns klarmachen, daß die Kommunikation mit dem Hund nicht außerhalb des Übungs-

Spiel soll nur vom Menschen eingeleitet und abgebrochen werden.

geländes endet, sondern – im Gegenteil – dann erst richtig losgeht. Viele Hunde, die auf dem Übungsgelände oder während der Übungszeiten relativ gut gehorchen, aber außerhalb dieser festgelegten Zeiten oder Plätze wesentlich schlechter hören, haben ihre Besitzer im Alltag so richtig in der Tasche. Dies gilt auch für eine große Anzahl von Hunden, die überhaupt nicht gehorchen. Vergessen Sie den frechen Dackel auf dem Sofa, der knurrend seinen Unmut signalisiert. Der „Durchschnittshund" setzt seine Wünsche aggressionsfrei durch und hat viel subtilere Strategien auf Lager.

Wer fordert auf – Sie oder der Hund?

In vielen Alltagssituationen setzen Hunde ganz gezielt ihre Wünsche durch, z. B. der Hund will nach draußen, geht zur Tür und kratzt daran. Wir stehen auf und lassen ihn hinaus. Der Hund findet, daß es Zeit für seine Mahlzeit wäre. Er geht zum Napf und sieht uns auffordernd an oder läuft winselnd vor der Küchentür auf und ab. Wir, voll des schlechten Gewissens ob des armen, hungrigen Hundes, springen auf und bereiten ihm sein Futter. Der Hund möchte schmusen, legt sanft die Pfote oder seinen Kopf auf unseren Schoß und sieht so dermaßen rührend dabei aus, daß wir ihn sofort streicheln. Etwas später fällt dem Hund ein, daß er jetzt gerne spielen würde, und er bringt uns seinen Ball. Wir wissen schließlich, wie wichtig es ist, sich mit dem Hund zu beschäftigen, also lassen wir Alles liegen, um dem Hund seinen Ball zu werfen.

Was in allen beschriebenen Fällen passiert ist: Der Hund hat agiert, wir haben reagiert. Er hat uns gesagt, was er will. Wir sind sofort oder vielleicht auch mit zeitlicher Verzögerung auf seine Wünsche eingegangen Der Hund hat uns erfolgreich manipuliert und nicht nur jetzt für den Moment einen kleinen Sieg davongetragen. Er hat einen weiteren erfolgreichen Schritt in Richtung „Menschenerziehung leichtgemacht" vollzogen.

Daß diese Situationen nicht nur einmal im Monat, sondern jeden Tag erneut vorkommen, macht ihre Bedeutung aus. Denn der Hund macht dann entsprechend oft die Erfahrung, daß er es ist, der den Ton angibt. Dies wirkt sich verheerend auf seine Gehorsamsbereitschaft aus.

Beobachten Sie einmal einen ganzen Tag Ihr Verhalten und das Verhalten des Hundes. Trifft einiges auf Sie zu? Vielleicht ist Ihr Hund auch nur bei einem dieser Aspekte besonders aufdringlich, auch dann sollten Sie sich dies Kapitel zu Herzen nehmen.

Was also tun, wenn Sie der Meinung sind, Ihr Hund höre nicht so, wie Sie es gerne hätten.

Zum Leittier werden

Wenn er hinaus will

Ändern Sie die Reihenfolge der beschriebenen Aktionen! Dadurch werden Sie im wahrsten Sinne des Wortes zum „Leittier". Die spannende Frage, die sich zwangsläufig aufdrängt ist: „Wie stelle ich das an?"
Der Hund kratzt z. B. an der Tür, weil er hinaus will. Sie haben zwei Möglichkeiten. Entweder Sie ignorieren ihn vollkommen und zwar solange, bis er aufhört, Sie aufzufordern die Tür aufzumachen, oder Sie schicken ihn auf seinen Platz (natürlich erst nach abgeschlossener Sauberkeitserziehung). In jedem Fall reicht es völlig aus, wenn der Hund sich einige Minuten ruhigverhalten hat und hiermit seine Akzeptanz zeigt. Dann rufen Sie ihn heran, loben ihn, gehen gemeinsam mit ihm zur Tür und gehen mit ihm hinaus. Können Sie den Hund nicht auf seinen Platz schicken, weil er dies nicht befolgt, müssen Sie sich darauf

Brian

gefaßt machen, daß er eine ganze Zeit Theater macht und sich alles Erdenkliche einfallen läßt, um Sie „herumzukriegen". Schließlich hat er dies lange genug so praktiziert, und zwar mit regelmäßigem Erfolg. Erwarten Sie also nicht, daß sich dieses Verhaltensmuster durch zweiminütiges Ignorieren des Hundes durchbrechen läßt.

Sie müssen bei dieser Alltagssituation natürlich abwägen. Haben Sie einen Hund, der seine Spaziergänge oder „Pinkelpausen" im Garten regelmäßig einfordert, so ignorieren Sie die Aufforderungen des Hundes prinzipiell. Dabei reichen einige Minuten Geduld des Hundes völlig aus. Dies schadet ihm nicht, und Sie haben praktische Erziehungsarbeit

geleistet. Haben Sie einen Hund, der seine Spaziergänge prinzipiell nicht aufdringlich einfordert, aber eines schönen Tages jammernd vor der Tür steht, so lassen Sie ihn selbstverständlich sofort raus. Sein ungewöhnliches Jammern ist mit Sicherheit begründet. Es geht schließlich lediglich darum, aufdring-

Beim Füttern beachten

liche Verhaltensweisen des Hundes zu durchbrechen, um seine Gehorsamsbereitschaft zu erhöhen, und nicht darum, ihn zu quälen.

Fordert der Hund Sie auf, sein Futter bereitzustellen, so ignorieren Sie ihn vollkommen. Tun Sie so, als wäre er überhaupt nicht da. Es kann durchaus sein, daß Sie in den ersten Tagen einige Geduld und gute Nerven mitbringen müssen, um durchzuhalten. Wiederum können Sie den Hund auch auf seinen Platz schicken, wenn er beginnt, zu den gewohnten Fütterungszeiten unruhig zu werden. Doch darauf sollten Sie nur zurückgreifen, wenn Sie auch durchsetzen können, daß er solange auf seinem Platz bleibt, bis Sie ihm erlauben aufzustehen. Geben Sie sich zu Beginn damit zufrieden, daß er wenige Minuten Ruhe gegeben hat. Dann rufen Sie ihn zu sich, loben

Fröhliches Treiben beim Züchter. Erziehen Sie Ihren Welpen konsequent vom ersten Tag an.

ihn und bereiten sein Futter zu. Achten Sie sorgfältig darauf, daß der Hund sein Futter erst erhält, wenn er tatsächlich kurze Zeit akzeptiert hat, daß Sie ihm nicht immer zu Diensten stehen, wenn er sich das wünscht. Sollte der Hund beispielsweise zwar halbwegs ruhig in einer Ecke liegen, aber permanent vor sich hinwinseln, belohnen Sie seine Strategie des Winselns, wenn Sie ihn nun füttern. Passen Sie also einen Moment ab, in dem der Hund sich tatsächlich ruhig verhält. Gerade beim Füttern können Sie sich bei einem verfressenen und etwas verwöhnten Hund darauf einstellen, daß dieser zunächst ein ganz schönes Theater machen wird. Daran können Sie auch sehen, wie selbstverständlich es für Ihren Hund ist, daß Sie seine Befehle prompt befolgen. Es kann dann sogar vorkommen, daß Sie zu Beginn auch einmal eine Mahlzeit ausfallen lassen müssen, weil der Hund gar zu sehr protestiert und Sie ihn schließlich für diesen Protest nicht belohnen möchten. Keine Sorge, diese Erziehungsmaßnahme schadet dem Hund überhaupt nicht.

Schmusen und spielen

Innerhalb dieser Interaktionsfelder ist es für den Hundebesitzer oft besonders schwer, manipulatives Verhalten des Hundes zu erkennen und entsprechend zu reagieren. Dies liegt womöglich daran, daß der Hund, der regelmäßig Streicheleinheiten oder Spiel fordert, dabei einfach rührend und so gar

Manipulationsverhalten ist oft schwer erkennbar.

Leisten Sie sich Ignoranz.

nicht aufdringlich wirkt. Es fällt schwer, einem Hundeblick zu wiederstehen, der uns von unten nach oben anschmachtet. Bitte bedenken Sie erneut, daß manipulatives Verhalten keineswegs aggressiv sein muß und es in der Regel auch nicht ist.

Je nach Stärke und Häufigkeit der Forderungen Ihres Hundes können Sie beim Schmusen und Streicheln abwägen, ob Sie den Hund ignorieren oder wegschicken. Haben Sie ein Tier, das sich regelmäßig mehrmals am Tag an Sie „heranschmeißt", sollten Sie es so häufig wie möglich ignorieren. Trollt sich der Hund, können Sie ihn wenig später heranrufen und mit ihm schmusen. Nochmals: Der Unterschied ist schlicht und ergreifend, daß Sie agieren, der Hund hingegen reagiert hat, und so soll es in einem gut funktonierenden Rudel sein. Für das Spiel sind die genannten Regeln übertragbar.

Manipulationsstrategien sind oft schwer zu erkennen

Manipulationsstrategien sind vielfältig und daher nicht immer leicht zu durchschauen. Manche Hunde winseln einfach nur leise vor sich hin, weil sie ihr Futter möchten. Andere stoßen demonstrativ mit der Nase an ihren Napf. Wieder andere laufen lediglich unruhig vor der Küchentür auf und ab. Dann gibt es Hunde, die einfach nur sanft mit der Schnauze die Hand des Menschen anstoßen und dabei fürchterlich süß aussehen. Auch „ganz süß sein" kann eine Strategie sein. Möglicherweise erscheint Ihnen diese ganze Prozedur grausam und gemein. Das ehrt Sie als Mensch, offensichtlich haben Sie sehr demokratische Vorstellungen von den Regeln des Zusammenlebens. Hunde reagieren auf demokratische Spielregeln leider weder mit Liebe noch mit Gehorsam, sondern oft gerade genau mit dem Gegenteil. Beachten Sie bitte auch, daß es sich hier um Erziehung ganz ohne Gewalteinwirkung handelt – ohne Schläge, ohne Geschrei –, die eine ganz ungeheure Wirkung auf das Verhalten Ihres Hundes hat.

Ständige Verfügbarkeit macht unattraktiv

Doch permanente Verfügbarkeit Ihrer Person macht Sie für den Hund nicht gerade interessanter. Wir möchten keinesfalls propagieren, daß Sie mit dem Hund nicht mehr schmusen sollen. Wünschen Sie sich einen folgsamen Hund, sollten Sie lediglich darauf achten, daß Sie bestimmen, wann, wo und wie. Anfangs mag die Umstellung etwas mühselig sein, da der Hund möglicherweise sein ganzes Repertoir aufbietet, um

TIP

Ignorieren Sie Ihren Hund, sobald er sein Manipulationsrepertoire abspult, und zwar solange, bis seine Motivation erlahmt und er sich – und sei es tatsächlich nur für wenige Minuten – ruhig und unaufdringlich verhalten hat. Ignorieren bedeutet, so zu tun, als wäre er einfach nicht vorhanden, d.h. Sie sprechen ihn nicht an, und schimpfen auch nicht mit ihm. In diesem Moment ist er einfach Luft für Sie.

Sie herumzukriegen. Sind Sie hier konsequent und halten die ersten schwierigen Anfangsschritte durch, wird es wie von selbst laufen, da der Hund lernt, daß es zwecklos ist, Sie manipulieren zu wollen. Sie haben so im Prinzip den ganzen Tag Gelegenheit, einfach nebenbei eine beträchtliche Menge an Erziehung zu leisten.

OFFENES DOMINANZVERHALTEN

Bereits das leichte Nasenrunzeln oder das leise Knurren kann offenes Dominanzverhalten sein. Hunde verfügen in der Regel über ein sehr differenziertes Ausdrucksvermögen. Schnappen oder Beißen stellt nur eine der letzten Stufen des offenen Dominanzverhaltens dar und kennzeichnen einen Hund, der sich, geschieht es aus Dominanzaggression heraus, bereits sehr weit, wenn nicht ganz oben auf der Stufe der Rudelhierarchie wähnt.

Damit sind wir bereits bei der nächsten Schwierigkeit angelangt, der richtigen Einordnung und Behandlung von aggressivem Verhalten Menschen gegenüber. Aggressivität kann sehr viele Ursachen haben, deren Behandlung den Rahmen dieses Buches sprengen würde.

Drohgebärden nicht verharmlosen

Wichtig für Sie ist folgendes: Bedroht Ihr Hund Sie oder andere Menschen, dürfen Sie dies keinesfalls verharmlosen. Knurren ist oft nur die erste Stufe. Leider können Sie auf keinen Fall darauf hoffen, daß es beim Knurren bleibt – im Gegenteil. Fast immer schnappt oder beißt der Hund gar. Oft weitet er seine Machtansprüche sogar aus, er knurrt dann z. B. nicht mehr „nur" am Futternapf, sondern immer dann, wenn ihm etwas nicht mehr paßt.

Sie finden hier keine „Korrekturtips": Eine pauschale Herangehensweise an ein so komplexes Thema ist unverantwortlich! Den Ursachen für aggressives Verhalten eines Hundes muß man unbedingt mit fachmännischer Hilfe auf den Grund gehen.

HOCHSPRINGEN ABGEWÖHNEN

Die allermeisten Hunde springen zur Begrüßung am Menschen hoch – ein Versuch, eine hundetypische Begrüßung mit Anstupsen der Maulwinkel (bzw. Mundwinkel des Menschen) zu erreichen. Trotzdem kann man dem Hund dies abgewöhnen und durch Maul-Hand-Kontakt ersetzen.

Die vielversprechende Methode heißt „Ignorieren". Ignorieren setzt – wie könnte es anders sein – absolute Konsequenz der ganzen Familie und aller sonstigen Personen voraus, die mit dem Hund Kontakt aufnehmen.

Noch besser: Vermeiden Sie Blickkontakt.

Jedesmal, wenn Ihr Hund an Ihnen hochspringt, wenden Sie ihm wortlos, schnellstmöglich und ohne Blickkontakt den Rücken zu. Hier gilt: Kommen seine Pfoten wieder auf dem Boden an, drehen Sie sich wieder um, beugen sich hinunter und loben den Hund.

Diese Methode hört sich erst einmal einfach an, ist es aber in der Praxis nicht unbedingt. Ignorieren bedeutet: Kein Wort, kein ärgerliches Gestöhn, kein Seufzen, keine ausgestreckte Hand in Richtung Hund darf von Ihnen kommen. Sie drehen sich wortlos und schnell um und entfernen sich zwei Schritte. Dann folgt eine freundliche Begrüßung, sobald der Hund das erwünschte Verhalten (alle Pfoten am Boden) zeigt. Sobald der Hund in irgendeiner Situation nur mit mildem Vorwurf oder gar freundlicher Begrüßung beim Hochspringen bestärkt wird, ist Ihr ganzes bisheriges Training zunichte gemacht.

Der richtige Zeitpunkt, sich dem Hund wieder zuzuwenden.

UNERWÜNSCHTES VERHALTEN IM HAUS

Beginnen Sie mit der Erziehung im Haus sofort! Auch hier gilt: Kein Verhalten des Welpen „wächst sich aus"! Machen Sie es richtig, dürfen Sie den Welpen kaum aus den Augen lassen. Haben Sie dazu keine Zeit, kommt die Kiste zum Einsatz (siehe S. 69). Aber bitte nur vorübergehend!

Die folgenden Angaben beziehen sich zwar auf Welpen, alles kann aber problemlos und unverändert auch auf ältere Hunde angewandt werden.

Zum unerwünschten Verhalten im Haus zählt in erster Linie das Zerkauen von Gegenständen, die Belästigung von Gästen, das Springen auf Sessel oder Sofa, übermäßiges Bellen usw. Besonders beliebt sind bei Welpen auch die sogenannten „verrückten fünf Minuten", in denen Teppiche fliegen und der Hund den Eindruck macht, daß ihn weder Geschimpfe noch Geschrei beeindruckt, geschweige denn von dem abbringen, was er gerade tut. Des weiteren kann ein Hund, der nicht gelernt hat zu akzeptieren, daß er nicht immer im Mittelpunkt des Geschehens steht, im Haus oder in der Wohnung sehr unangenehm werden. Solche Hunde bestimmen oft den kompletten Tagesablauf ihrer Besitzer und sind völlig außerstande sich anzupassen.

Jetzt ist es für eine Korrektur zu spät.

Hundeerziehung im Alltag

Schlechtes Benehmen abgewöhnen

Beim Zerkauen von verbotenen Gegenständen können Sie erneut die Wurfkette einsetzen. Sie laufen schweigend an Ihrem Hund vorbei, der sich gerade Ihren neuen Teppich schmecken läßt. Dies ist für einen Welpen ein ganz normales Verhalten, trotzdem können wir es natürlich nicht tolerieren. Optimal ist es, wenn der Hund der Meinung ist, daß es an sich unangenehm ist, an Ihren Einrichtungsgegenständen herumzukauen, ganz unabhängig von Ihrer Anwesenheit. Deshalb stürzen Sie auch nicht schreiend auf ihn los, sondern agieren mit der Wurfkette ohne Ihre Stimme einzusetzen. Werfen Sie

Stellen Sie Ihrem Hund ein Kauspielzeug zur Verfügung.

diese Kette möglichst unbeteiligt direkt neben ihn, und gehen Sie genauso unbeteiligt an ihm vorbei. Kurze Zeit später nehmen Sie die Wurfkette schweigend auf und stecken sie weg. Möglichst ohne daß der Hund dies mitbekommt. Das gleiche gilt für unerwünschtes Liegen auf Bett, Sofa usw. Wiederum laufen Sie möglichst ruhig und unauffällig am Hund vorbei und werfen im Vorbeigehen die Wurfkette. Statt einer Wurfkette können Sie auch eine Dose, gefüllt mit Steinchen o. ä. verwenden, diese werfen Sie selbstverständlich nicht auf den Hund, sondern lediglich neben ihn.

Unerwünschtes Verhalten im Haus

Die optimale Verbindung ist geglückt, wenn der Hund der Meinung ist, daß es schlicht und ergreifend unangenehm ist, die o. a. Dinge zu tun, ganz unabhängig davon, ob Sie als Kontrollinstanz in der Nähe sind oder nicht. Es gibt jedoch leider immer wieder Welpen, bei denen dies nicht ausreicht, die

zusätzlich noch des Tadels durch die Besitzer bedürfen. Die Jagdhündin eines unserer Kunden apportierte die Wurfkette beim ersten Einsatz! Trotzdem lernte auch diese Hündin, die Wurfkette zu respektieren – nach dem beschriebenen Schema.

Diese Prozedur eignet sich auch ausgezeichnet, wenn Ihr Hund vom Tisch stiehlt. Hierbei sollte wiederum zunächst versucht werden, eine Verknüpfung zustande zu bringen, die unabhängig ist von der Anwesenheit des Besitzers. Erst wenn dies nicht ausreicht, müssen Sie zusätzlich ein „menschliches Donnerwetter" einsetzen. Doch Vorsicht: Das Abstellen der beschriebenen Verhaltensweisen setzt Kontrolle Ihrerseits voraus. Können Sie, aus welchen Gründen auch immer, den Hund einen großen Teil des Tages nicht kontrollieren, dürfen Sie sich nicht wundern, wenn er Zerstörung, Stehlen usw. nicht unterläßt. Keinesfalls dürfen Sie ihn strafen, wenn Sie ihn nicht direkt bei der Tat erwischen.

Der Welpe eines unserer Kunden war beispielsweise den meisten Teil des Tages sich selbst überlassen und hatte hierbei jede Menge Gelegenheit, Unerwünschtes anzustellen. Durchschnittlich einmal am Tag wurde er erwischt und bestraft, worauf er jedesmal völlig überrascht reagierte, hatte dieselbe Tat doch schon so viele Male keinerlei Sanktionen nach sich gezogen. Eine solche Behandlung entzieht dem Tier jegliche soziale Sicherheit. Dies bedeutet für Sie, daß in jedem Fall entsprechende Sicherheitsmaßnahmen getroffen werden müssen, sofern Sie das Tier gerade nicht kontrollieren können.

Belästigung von Gästen

Was die Belästigung von Gästen angeht, so muß gerade der junge Hund lernen, daß es Momente im Leben gibt, in denen er nicht im Mittelpunkt des Interesses steht. Nutzen Sie jede

Situation, in der Sie Gäste haben, um dies zu trainieren. Geben Sie allen die Möglichkeit, den Hund zu begrüßen, und bitten Sie Ihre Gäste danach, den Hund nicht zu beachten. Jegliche Versuche sich aufzudrängen müssen ignoriert werden. Keinesfalls darf bei aufdringlichem Verhalten freundlich auf den Hund eingeredet werden, da er dies als Belohnung seiner Aufdringlichkeit betrachtet. Das erste Mittel der Wahl ist absolute Ignoranz durch Ihre Gäste nach einer kurzen, freundlichen Begrüßung.

Bis der Hund dies akzeptiert hat und sich trollt, können bei Ihren ersten diesbezüglichen Versuchen durchaus fünf bis zehn Minuten vergehen. Lassen Sie sich nicht täuschen, dies kann eine sehr lange Zeit sein.

In diesem Alter stellen Sie die Weichen.

Falls Sie im Moment noch der Meinung sind, dies sei grausam oder gemein, stellen Sie sich bitte vor, daß es für Sie die nächsten ca. zehn bis zwölf Jahre permanenten Stress bedeuten wird, Gäste zu empfangen. Ein Hund, der gelernt hat, daß er immer Mittelpunkt des Interesses sein kann, wenn er nur lange genug nervt, wird nicht dulden, daß Sie in Ruhe mit Ihren Gästen Kaffee trinken.

Natürlich können Sie den Hund jedesmal wegsperren, wenn sich Besuch ansagt, dies ist jedoch die erzieherische Billigvariante, die zwar weniger Zeit und Mühe kostet, an deren Ende jedoch niemals ein gut erzogener Hund stehen wird. Doch zurück zur Übung. Sobald Sie Ihren verständnisvollen Besuch überzeugen konnten, Sie in der o. a. Weise bei der Erziehung Ihres Hundes zu unterstützen, schicken Sie den Hund auf seinen Platz und ignorieren ihn dann ebenfalls. Können Sie dies nicht durchsetzen, haben Sie einen Hund, der sich nicht auf seinen Platz schicken läßt und weiter fortfährt, die Gäste zu belästigen und sich in den Vordergrund zu drängen, müssen Sie mit einer dünnen Leine arbeiten. Wiederum heißt es: kurze Begrüßung durch die Gäste, darauf

Unerwünschtes Verhalten im Haus

konsequentes Ignorieren. Trollt sich der Hund nicht nach einigen Minuten, nehmen Sie ihn wortlos an der Leine – diese haben Sie dem Hund schon umgelegt, bevor Ihr Besuch kommt – und stellen den Fuß darauf. Nehmen Sie den Hund dabei so kurz, daß er sich ruhig verhalten muß. Gezappel oder anfängliches Gejammer ignorieren Sie vollkommen. Reden Sie weder beruhigend auf ihn ein, noch schimpfen Sie ihn. Es ist durchaus möglich, daß es einige Zeit dauert, bis der Hund sich fügt und Ruhe gibt. Sobald er ruhig und entspannt ist, loben Sie ihn. Macht er nun wieder Theater, nehmen Sie ihn wieder kurz und fangen von vorne an.

Schließlich lassen Sie die Leine fallen und widmen sich voll und ganz Ihren Gästen. Sie dürfen die Leine erst ganz fallen lassen, wenn der Hund völlig entspannt und ruhig ist. Bei einem Welpen werden Sie so nur wenige Male hintereinander verfahren müssen. Sehr schnell wird er begreifen, daß es eine völlig sinnlose Handlung ist, sich in den Mittelpunkt drängen zu wollen, da dies nicht zu dem gewünschten Ergebnis führt. Anders sieht dies beim erwachsenen Hund aus, der unter Umständen schon jahrelange Erfahrung im „Weichkochen" seiner Besitzer hat. Doch auch bei diesem hat sich die beschriebene Verfahrensweise als sehr wirkungsvoll erwiesen. Sie müssen hier jedoch eine Menge Nerven und Zeit mehr mitbringen, um erlernte Verhaltensweisen zu durchbrechen. Lohnen tut es sich allemal. Auch der erwachsene Hund ist in dieser Beziehung durchaus noch lernfähig.

Das Ergebnis Ihrer Bemühungen besteht hier nicht „nur" in einem Hund, den Sie nicht wegsperren müssen, sobald sich Besuch ankündigt, sondern hat noch wesentlich weiterreichendere Konsequenzen. Der Hund hat ein weiteres Mal gelernt, daß er Sie nicht manipulieren kann. Dies wird sich durchweg positiv auf seine komplette Erziehungsbereitschaft auswirken.

Welpenspinnen

Die sogenannten „verrückten fünf Minuten" lassen sich ebenso mit Hilfe des o. a. Verfahrens abstellen. Wiederum muß der Hund im Haus eine längere, dünne Leine tragen. Sobald er einen seiner „Anfälle" bekommt, fassen Sie die Leine, setzen sich bequem in einen Sessel und stellen den Fuß auf die Leine wie beschrieben. Ignorieren Sie Jammern und Geschrei. Hat sich der Hund beruhigt, nehmen Sie den Fuß von der Leine, bleiben aber noch eine Weile sitzen. Haben Sie das Gefühl der Hund hat sich völlig beruhigt, lassen Sie die Leine fallen und gehen wortlos weg.

Bei Welpen läßt sich so innerhalb von maximal zwei Wochen (bei täglichem Üben!) eine deutliche Besserung des Verhaltens erzielen, sofern Sie die Übung erst dann abbrechen, wenn der Hund ruhig und entspannt ist. Brechen Sie hier zu früh ab, belohnen Sie hingegen sein unruhiges Verhalten. Er wird dann lernen, daß dieses Verhalten ihn zum gewünschten Ergebnis führt, und es immer dann einsetzen, wenn ihm etwas nicht paßt.

Aufdringliches Verhalten sollten Sie unterbinden.

GEH WEG! Zusätzlich sollten Sie von Anfang an mit Ihrem Hund **GEH WEG!** trainieren. Dies läßt sich zunächst einfacher erlernen, wenn Sie allein mit dem Hund sind. In dieser Situation wird es Ihnen wesentlich leichter fallen, das Verlangte auch durchzusetzen. Erst wenn der Hund dies immer befolgt, wenn Sie mit ihm allein sind, darf dieses Hörzeichen auch bei Anwesenheit von Gästen eingesetzt werden. Das Einhalten der Reihenfolge ist hier immens wichtig: Versuchen Sie **GEH WEG!** einzusetzen, ohne die Sicherheit, es auch durchsetzen zu können, lernt der Hund, daß er Ihre Wünsche getrost vergessen kann.

Sie üben folgendermaßen: Sie sind allein mit dem Hund in der Wohnung und haben Zeit. Setzen Sie sich auf den Boden, rufen Sie den Hund zu sich, schmusen Sie kurz und intensiv mit ihm, hören dann auf und sagen ein strenges **GEH WEG!** Bleiben Sie dabei auf jeden Fall an Ort und Stelle, der Hund soll lernen wegzugehen und nicht Sie. Schauen Sie ihm dabei drohend in die Augen, wenn es Ihnen liegt, können Sie ihn dabei auch in Hundemanier anknurren. Wenn es sein muß, geben Sie ihm einen kleinen Schubs, so daß er Sie nicht mehr berührt. Läßt er sich nicht beeindrucken, geben Sie nicht nach, erneutes **GEH WEG!** mit strengem Blick in die Augen. Erst wenn er sich getrollt hat, stehen Sie auf und verlassen Ihren Platz.

Üben Sie dies regelmäßig (ein paar Mal pro Woche), wird die lange Leine (siehe S. 177) sehr schnell überflüssig. Setzen Sie dieses Hörzeichen aber wirklich erst dann ein, sobald es sehr

gut klappt, wenn Sie mit dem Hund alleine sind.
Sind Sie vom ersten Tag an richtig eifrig mit dieser Übung, werden Sie die Leine zur Ruhigstellung bei Besuch erst gar nicht brauchen, da der Welpe sehr schnell gelernt hat, Sie zu respektieren.
Keine Sorge, Ihr Hund wird Sie trotzdem lieben. Bedenken Sie, daß der Rudelführer keinesfalls für den Rest des Rudels stets verfügbar ist. Er bestimmt, wann er schmusen, spielen usw. möchte und auch, wann er eben keine Lust mehr dazu hat.
Befolgen Sie die gegebenen Ratschläge, lernt der Hund, Sie zu respektieren. Dies ist Grundvoraussetzung dafür, daß er Erziehungsübungen außer Haus bereitwillig annimmt.

Bellfreudige Hunde

Diese „Respektsübungen" sind auch hervorragend geeignet, um das Bellen im Haus in Ihrer Anwesenheit auf ein erträgliches Maß zu reduzieren. Sie werden in der Lage sein, den Hund, sobald er „gemeldet" hat, was zu akzeptieren ist, auf seinen Platz zu schicken, sofern er sich nicht beruhigt. Diese Reglementierung wird seinen Belleifer dämpfen.
Einiges weist darauf hin, daß die Bellfreudigkeit einiger Hundetypen in erster Linie angeboren ist, oft steht sie jedoch auch in direkter Beziehung zur Aufgeregtheit und Nervosität des Besitzers. Es gibt sogar Verhaltensforscher, die der Meinung sind, ein bellfreudiger Hund könne dieses Verhalten nur sehr schwer bis gar nicht unterdrücken. Die Erziehung zum kontrollierten Verhalten im Haus wird Ihnen eine große Hilfe sein, das Bellen des Hundes ohne Starkzwangmittel auf ein erträgliches Maß zurückzuschrauben.
Was das übermäßige Bellen von Hunden bei Abwesenheit ihrer Besitzer betrifft, handelt es sich hier oft um Bellen aus Angst, Verzweiflung oder Langeweile. Dieses Verhalten kann nicht getrennt vom übrigen Verhalten des Hundes gesehen werden und bedarf auch einer ganzheitlichen Behandlung durch eine entsprechende Verhaltenstherapie und/oder Haltungsänderung. Die genaue individuelle Ursachenforschung, die hier betrieben werden muß, sollte in Zusammenarbeit mit einem kompetenten Mitarbeiter einer Hundeschule vorgenommen werden, da der Hundehalter ohne entsprechende Kenntnisse überfordert ist.

SOZIALKONTAKT MIT ANDEREN HUNDEN

Kontakt mit anderen Hunden – ein Muß

Genauso wichtig wie der ausreichende Sozialkontakt zum Mensch ist der Kontakt zu anderen Hunden. Tun Sie etwas dafür! Sorgen Sie dafür, daß der heranwachsende und der erwachsene Hund möglichst oft mit anderen, wechselnden

Laika und Lucky – zwei Hunde, die fast jeden Tag zusammen spielen.

Hunden zusammentrifft. In jeder Stadt gibt es inoffizielle Hundetreffpunkte oder suchen Sie eine gute Hundespielgruppe auf.

Am wichtigsten ist dies für den Welpen und Junghund. Mit der Herausnahme aus dem Welpenrudel ist der innerartliche Sozialkontakt erst einmal abgebrochen worden. Der Welpe ist aber dringend darauf angewiesen, im Kontakt mit möglichst vielen anderen Hunden sein Sozialverhalten zu festigen, teilweise sogar noch zu erlernen. Insbesondere die Beißhemmung muß erlernt werden!

Vernachlässigen Sie dies, kann es passieren, daß Ihr Hund – je nach Veranlagung – aggressiv oder ängstlich auf andere Hunde reagiert. Hat sich dieses Verhalten erst einmal dauerhaft gefestigt, ist es nur sehr schwer oder überhaupt nicht wieder zu ändern.

Die richtige Welpenspielstunde

Achten Sie bei der Auswahl von Welpenspielstunden unbedingt darauf, daß diese kompetent geleitet werden. Welpen machen keineswegs „alles unter sich aus", und es ist nicht in Ordnung, wenn z. B. ein 5 Monate alter Bernhardiner auf einem 9 Wochen alten Zwergschnauzer herumsteigt. In

Jeder Hund sollte sich an der Leine kontrollieren lassen.

solchen Fällen muß vom Spielleiter eingegriffen werden. Es ist sehr gut möglich, daß Ihr Welpe die ersten ein bis zwei Wochen nur unsicher zwischen Ihren Beinen sitzt. Gehen Sie trotzdem regelmäßig, nur so kann der Welpe seine Unsicherheit ablegen (Literaturtips siehe Anhang).

VERHALTEN AN DER LEINE

Ordentliches Verhalten an der Leine ist eines der wichtigsten Dinge im Zusammenleben mit dem Hund. Von einem Hund, der sich noch nicht einmal an der Leine kontrollieren läßt, ist kooperatives Verhalten beim Freilauf kaum zu erwarten. Zu ordentlichem Verhalten zählt hierbei natürlich in erster Linie, daß der Hund Sie nicht im Tiefflug hinter sich herzerrt (siehe S. 127).

Verhalten an der Leine

Knurren und Bellen

Der Hund darf an der Leine weder andere Hunde noch Menschen anknurren oder -bellen. Ein Hund, der dieses Verhalten zeigt, darf sich ein Leben lang allein daheim vergnügen, sobald seine Menschen das Haus verlassen müssen, da es untragbar ist, ihn mitzunehmen. Viele Hundebesitzer finden sich mit diesem Verhalten ihrer Vierbeiner ab, obwohl hier durchaus die Möglichkeit besteht etwas zu verändern. Selbstverständlich gibt es nicht nur einen Grund, warum ein Hund an der Leine andere Hunde oder Menschen anbellt.

Ihr Hund braucht eine Aufgabe

Überprüfen Sie zunächst, ob Ihr Hund genügend Kontakt zu Artgenossen hat und entsprechend seiner rassespezifischen Veranlagung ausreichend ausgelastet ist. Es ist nämlich keinesfalls so, daß jeder Hund, der an der Leine regelmäßig „herumpöbelt", als dominant-aggressiv einzustufen ist und sich, sobald er frei auf Artgenossen trifft, wütend auf diese stürzt, um sofort eine Rauferei zu beginnen. Ein temperamentvoller Schäferhund beispielsweise, der lediglich an der Leine spazierengeführt wird und der auch sonst keinerlei Aufgabe hat, ist prädestiniert für dieses Verhalten.
Zunächst sollten Sie Ihrem Hund also dringend eine Beschäftigung bieten. Suchspiele, Apportierspiele, Agility, bei Hunden, die vor Langeweile den ganzen Garten umgraben, eine eigene Sandkiste zum Buddeln sind nur einige Möglichkeiten (siehe auch S. 216). Des weiteren suchen Sie regelmäßig Hundespielwiesen auf, so daß Ihr Hund genügend Kontakt zu seinesgleichen pflegen kann.
Einmal im Monat ist jedoch keinesfalls ausreichend. Fühlen Sie sich unsicher, das Verhalten Ihres Hundes zu beurteilen, und haben Angst vor einer Rauferei, sollten Sie regelmäßig gut geführte Hundespielstunden aufsuchen.
Es gibt jedoch auch genügend

Hundeerziehung im Alltag

Hunde, die aus Unsicherheit und/oder Angst an der Leine knurren o. ä. Gerade für solche Hunde ist es wichtig, Selbstsicherheitsspiele zu unternehmen und Kontakt zu Artgenossen zu pflegen.

Prüfen Sie den Erziehungsstand

Ein weiterer wichtiger Punkt, der bei dieser Problematik überprüft werden muß, ist der Erziehungsstand des Hundes. Es gibt viele Hunde, die untragbares Verhalten an der Leine zeigen, weil sie der Meinung sind, Herrchen oder Frauchen

Mit dem Kopfhalfter haben Sie eine bessere Einwirkungsmöglichkeit als mit dem Halsband.

seien nicht führungskompetent, und sie müßten es übernehmen, das Rudel nach außen zu unterstützen. Hierbei ist zunächst eine ehrliche Selbstanalyse notwendig. Es gibt Besitzer, die insgeheim gar nichts anderes wollen. Diese Besitzer werden die Verhaltensweisen des Hundes ständig unterschwellig oder gar ganz offen verstärken. Man muß diese Unarten also ernsthaft abgewöhnen wollen.

Zeigt Ihr Hund die Unarten an der Leine und läßt sein Gehorsam innerhalb und/oder außerhalb der eigenen vier Wände zu wünschen übrig, sollten Sie sich die Zeit nehmen, täglich Erziehungsübungen einzubauen, und gleichzeitig überprüfen, ob Ihr Hund innerhalb des Wohnbereiches nicht zum erlauchten Kreis der „heimlichen Sieger" zählt (siehe S. 165). Wenn ja, stellen Sie Ihr Verhalten entsprechend um.

Auf jeden Fall sollten Sie Ihren Hund dringend über Kopfhalfter führen. Dies ist auch hilfreich bei einem unsicheren Hund, da das Führen über den Kopf vielen unruhigen, nervösen Hunden das Gefühl von Sicherheit vermittelt. Bei einem draufgängerischen, dominanteren Hund sollten Sie ebenfalls das Kopfhalfter einsetzen, da Sie so eine Einwirkungsmöglichkeit haben, die mit dem Halsband auch nicht annähernd erreicht wird.

Neigt Ihr Hund beim Freilauf außerdem zur regelmäßigen Rauferei mit anderen Hunden, kann kontrollierter Freilauf mit anderen, wenig dominanten Hunden helfen, wobei Ihr Hund, sofern er regelmäßig Raufereien provoziert, einen Maulkorb tragen muß. Dies sollte unter fachlicher Kontrolle erfolgen.

Neben den bisher beschriebenen Möglichkeiten kann eine Bachblütentherapie oder der Tellington-Touch unterstützend sehr hilfreich sein.

AUSLAUF

Jeder Hund benötigt genügend täglichen Auslauf. Jeden noch so großen Garten kennt Ihr Hund nach kurzer Zeit in- und auswendig. Er wird zwar mit Vergnügen seinen täglichen Kontrollgang machen, genügend Auslauf ist das aber auf keinen Fall. Neben der notwendigen körperlichen Bewegung sind für die Psyche des Hundes unbedingt wechselnde Umweltreize nötig, damit er seelisch nicht verkümmert. Aggressivität, Nervosität, ständiges Bellen, Ungehorsam bis hin zur übertriebenen Körperpflege (Pfotenlecken, -knabbern, etc.) können die Folge mangelnder Bewegung sein.

Hundeerziehung im Alltag

Auf einen Blick

Wieviel Bewegung braucht der Welpe?

Beim Welpen und Junghund müssen Sie darauf achten, ihn nicht zu überfordern. Hier eine Faustregel:

3. und 4. Monat	3–4 mal täglich jeweils ca. 15 Minuten
5. bis 7. Monat	3–4 mal täglich jeweils 20–30 Minuten
8. und 9. Monat	2–3 mal täglich jeweils 30–45 Minuten
bis 12. Monat	langsam steigern bis 60 Minuten pro Spaziergang
ab 12. Monat	langsame Steigerung und vermehrtes Konditionstraining

Überfordern Sie Ihren Welpen nicht, und lassen Sie ihn nur dort ins Wasser, wo er gut alleine wieder herauskommt.

Gehört Ihr Hund einer großen oder gar sehr großen Rasse an, müssen Sie die im Kasten angegebenen Zeiten eher noch verkürzen. Große Hunde wachsen langsamer als kleine, die Gefahr einer körperlichen Überfoderung ist hier noch eher gegeben. Bei nordischen Rassen oder Windhunden hingegen können Sie einige Minuten länger spazierengehen.

Auch wenn Ihnen diese Angaben sehr kurz vorkommen und Ihr Hund wesentlich mehr anbietet, ohne erkennbar zu ermüden: Überschreiten Sie sie nicht! Gelenke, Bänder und Sehnen des Welpen und des Junghundes sind nicht auf mehr ausgelegt. Beachten Sie dies nicht, können bleibende Schäden die Folge sein.

Diese Zeiten beziehen sich auf einen Spaziergang, bei dem Ihr Hund gezwungen ist, mitzukommen. Ohne Schaden können Sie sich auf eine Wiese stellen und mit dem Hund spielen oder ihn mit anderen Hunden spielen lassen. Wichtig ist, daß der Welpe Gelegenheit hat, sich auszuruhen, wenn ihm danach ist. Wenn Sie das Gefühl haben, daß Ihr Welpe durch die oben beschriebenen Spaziergänge nicht ausgelastet ist, spielen Sie mit ihm

SPAZIERENGEHEN UND STREUNEN

Auf keinen Fall dürfen Sie Ihren Hund völlig unbeaufsichtigt nach draußen lassen. Dies ist aus mehreren Gründen abzulehnen.

Beginnen wir bei Ihrer momentanen Erziehungssituation. Sie möchten einen Hund, der Ihnen ein zuverlässiger Begleiter ist. Dabei ist die Interaktion mit dem Hund von großer Bedeutung. Ein Hund, der sich selbst überlassen wird, kann fast ausschließlich nur über großen Druck erzogen werden, der dem Tier gegenüber durch nichts gerechtfertigt ist.
Und schon sind wir beim Zwingerhund, der Unterschied zum eben beschriebenen Streuner liegt hier lediglich darin, daß der streunende Hund noch etwas anderes zu sehen bekommt als seine vier Zwingerwände. Aber auch er muß bei Dingen,

die ihm wichtig sind, auf seine Besitzer verzichten. Der Zwingerhund wird zwar im allgemeinen täglich spazierengeführt, muß dafür aber auf den für ein Rudeltier so wichtigen Sozialkontakt verzichten, der bei solchen Hunden auf ein Minimum reduziert wird.
Auch bei Zwingerhunden, muß in der Regel bei der Erziehung eine Härte angewendet werden, die dem Tier gegenüber unfair ist und daher abgelehnt werden muß.

Spaziergänge und rassegerechte Beschäftigung: wichtige Voraussetzungen für eine enge Bindung und Kooperationsbereitschaft bei der Erziehung.

Wozu dieser Vergleich? Tatsächlich hat sich in unserer Praxis gezeigt, daß sich sowohl Zwingerhunde als auch streunende Hunde bei der Erziehung unkooperativ verhalten, da sie häufig über eine mangelnde Bindung zu ihren Besitzern verfügen. Das Mittel der Wahl ist dann für viele das Stachelhalsband, welches durch eine entsprechende Haltung des Hundes völlig überflüssig sein könnte.

Der Verlust und die Einschränkung von sozialem Kontakt ist für den Hund fatal, und nicht immer sind die Folgen auf den ersten Blick sichtbar. Manche Tiere werden geradezu depressiv und verkümmern seelisch völlig. Andere geraten beim

Anblick Ihres Besitzers, der sich anschickt, den Hund aus seinem Käfig zu befreien, so vollkommen außer sich, daß sie überhaupt nicht zu bändigen sind und beim Spaziergang, froh über die Möglichkeit sich zu bewegen, davonstürzen, ohne sich ein einziges Mal nach ihren Besitzern umzudrehen. Sofern sie überhaupt ohne Leine geführt werden können! Ein weiteres Zeichen für seelische Deprivation aufgrund von Zwingerhaltung ist eine übertriebene, fast ängstliche Unterwürfigkeit, verbunden mit dem völligem Verlust von Selbständigkeit. Übertriebene Aggression gegen alles Fremde ist hier ebenfalls zu nennen.

Sicher, jeder kennt jemanden, der wiederum jemanden kennt, dessen Hund ständig im Zwinger gehalten wurde und trotzdem nie Probleme gemacht hat und immer lieb, gehorsam und problemlos war.

Dazu ist folgendes zu sagen: Erstens gibt es immer Ausnahmen von der Regel. Dies spricht im beschriebenen Fall aber eher für die Hunde, nicht für deren Besitzer, und macht eine isolierte Haltung auch nicht besser. Außerdem besagt die Tatsache, daß der Hund keine Probleme gemacht hat, nicht unbedingt, daß er auch glücklich war.

Des weiteren kennen Zwingerhunde eben oft gar nichts anderes als ihren Käfig und bestenfalls noch einen eingezäunten Hundeplatz. Und was soll hier schon passieren? Probleme entstehen hier unter Umständen nur deshalb nicht, weil die Hunde kaum mit ihrer Umwelt konfrontiert werden (oder höchstens auf einem eingezäunten Gelände oder angeleint auf einem einsamen Feldweg). Natürlich ist dies auch eine Form der Problemvermeidung, die jedoch ganz eindeutig auf Kosten des Hundes ausgetragen wird.

Wir raten aus den genannten Gründen wirklich dringend jedem, der eine integrative Haltung nicht wünscht, davon ab, sich einen Hund anzuschaffen. Da diese zum einen nicht

hundegerecht ist und zum anderen äußerst negative erzieherische Konsequenzen hat.

Auch bei einer integrativen Haltung sollte der Hund im Garten oder Hof nur kurze Zeit ohne Aufsicht sein. Ebenso sollten Sie Ihren Garten oder Hof ausbruchsicher gestalten, um unerwünschte „Ausflüge" Ihres Hundes zu vermeiden.

Verkehrssicherheit kann man nicht erwarten!

Einer unserer Kunden klagte darüber, daß sein Hund nicht nach den Autos schaue, wenn er allein unterwegs sei, und versprach sich vom Besuch unserer Hundeschule die Lösung dieses Problems. Kommissar Rex läßt grüßen. Der Besitzer wollte den Hund nicht den ganzen Tag einzusperren. Zeit für gemeinsame Spaziergänge hatte er nicht. Unsere Umwelt läßt es jedoch nicht zu, dem Hund Spaziergänge auf eigene Faust

Am Ende der Autofahrt wartet ein angenehmes Erlebnis.

zu gestatten. Einmal ganz abgesehen davon, daß ein Tier mit einer ordentlichen Bindung jeden gemeinsamen Spaziergang mit seinem Rudel ohnehin vorzieht.

Egal wie brav, lieb, harmlos usw. Ihr auch Hund sein mag, keinesfalls können Sie für Ihre Umwelt garantieren. Für den Hund ist Streunen lebensgefährlich. Darüber hinaus verletzten Sie bei einem eventuellen Unfall Ihre Aufsichtspflicht, und Ihr Versicherungsschutz erlischt in solchen Fällen.

Wenn Sie Ihrem Hund das zweifelhafte Vergnügen des Streunens gewähren, werden Sie mit der Hundeerziehung auch keinen Erfolg haben, da hier Integretation und Kontrolle grundlegende Voraussetzungen sind. Einmal ganz abgesehen davon, daß verantwortungsvolle Hundehaltung von vornherein ausschließt, daß der Hund Gefährdungen ausgesetzt wird. Der oben erwähnte Hund, der seine Spaziergänge alleine machte, wurde einige Tage nach unserem Gespräch mit dem Besitzer von einem Auto angefahren und dabei so stark verletzt, daß er eine irreparable, vollständige Lähmung erlitt und kurz darauf eingeschläfert werden mußte.

AUTOFAHREN

Hier sind zunächst drei Aspekte von Bedeutung: die Gewöhnung des Hundes an das Autofahren, die Sicherheit sowie die Korrektur von unerwünschtem Verhalten im Auto.

Die Gewöhnung ist im allgemeinen mehr als einfach.
Das Autofahren sollte so positiv wie möglich besetzt werden, d.h. es ist sinnvoll, mit dem Welpen zu Beginn möglichst jeden Tag kleine Strecken mit dem Auto zu fahren. Am Ende einer jeden Autofahrt sollte etwas Positives stehen, sprich ein kurzer Spaziergang. So lernen die meisten Hunde, gerne Auto zu fahren, sich sogar auf das Fahren im Auto zu freuen.

Für ein Mindestmaß an Sicherheit kann eine Transportbox sorgen.

Hundeerziehung im Alltag

Viele Züchter unternehmen mit den Welpen schon eine kleine Autofahrt.

Viele Welpenbesitzer transportieren den Hund oftmals zunächst nur ein einziges Mal im Auto und zwar beim Abholen vom Züchter. Dies ist für den Hund ohnehin ein gravierender Einschnitt in seine bis dahin (hoffentlich) heile Welt, sein ganzes Weltbild bricht zusammen. Man kann ohne weiteres sagen, daß er einen kleinen Schock verkraften muß. Das Erste, was ihm dann passiert, ist eine Autofahrt. Es wäre mehr als verwunderlich, wenn er diese Fahrt als positiv empfinden würde.

Völlig erstaunt stellen viele Besitzer fest, daß der Hund bei seiner zweiten Autofahrt, oftmals Wochen später, stark hechelt, sich übergibt oder überhaupt nicht in das Auto einsteigen will o. ä. Auch hier empfiehlt es sich ab sofort, täglich kurze Autofahrten mit dem Hund zu unternehmen, an deren Ende der Spaziergang steht. Zusätzlich kann man in schweren Fällen zur Beruhigung Bachblüten oder homöopathische Mittel geben.

Wenn Sie Ihre täglichen Erziehungsspaziergänge wie empfohlen unternehmen, bekommen Sie automatisch einen Hund, der gerne Auto fährt, und Sie schlagen zwei Fliegen mit einer Klappe.

Fröhliches Toben am Ende der Autofahrt.

Sicherheit

Die Sicherheit im Auto ist ein Punkt, der oft sehr leichtfertig behandelt wird. Viele Hunde werden auf der Rückbank völlig ungesichert transportiert und haben so bei einer Vollbremsung den direkten Weg durch die Windschutzscheibe. Tests eines Automobilclubs haben ergeben, daß die handelsüblichen Sicherheitsgitter für Kombifahrzeuge bei Unfällen einen völlig mangelhaften Schutz bieten. Genauso schlecht schnitten die meisten Sicherheitsgurte für Hunde ab, die – so die Tests – bei entsprechender Belastung reißen und keineswegs mit Sicherheitsgurten für Menschen verglichen werden können. Offensichtlich gibt es einen wirklich guten Schutz bei Unfällen für Hunde im Auto im Moment nicht. Empfohlen wird, den Hund im Fußraum des Beifahrersitzes zu transportieren. Bei allem Schutz für den Hund muß natürlich auch gewährleistet sein, daß man vom Hund ungestört Auto fahren kann.

Zumindest um dieses Mindestmaß an Sicherheit zu gewährleiste sollte dann doch besser wieder auf Sicherheitsgurt, Hundegitter, Hundetransportbox usw. zurückgegriffen werden. Der beste Schutz für Hund (zumindest bei kleineren Unfällen) und Mensch ist eine vernünftige Fahrweise, die einfach nicht gewährleistet ist, wenn der Hund beim Fahren stört.

Nach einem neuen Gerichtsurteil verlieren Sie möglicherweise Ihren Kaskoschutz, wenn der Hund im Auto nicht gesichert ist!

Unerwüschtes Verhalten im Auto

Was das unerwünschte Verhalten, z.B. Bellen, Winseln, Unruhe, Überreaktionen auf Außenreize usw. im Auto angeht, so kann eine Transportbox sehr gute Dienste leisten. In „schweren" Fällen kann man zusätzlich eine Decke über die Box legen. So ist der Hund sozusagen von seiner Umwelt abgeschnitten, und Sie können in Ruhe Auto fahren. Dies hat sich besonders bei Vierbeinern bewährt, die während der Fahrt ständig bellen und dadurch die Konzentrationsfähigkeit der Fahrers stark gefährden. Eine etwas günstigere Variante ist das Abkleben der hinteren Scheiben mit dunkler Klebefolie. Ob dies ausreicht, um den Hund abzuschirmen, muß man ausprobieren.

KINDER UND HUNDE

Bitte lesen Sie dieses Kapitel auch, wenn in Ihrer Familie keine Kinder leben!
Um ein ungetrübtes Kind-Hund-Verhältnis zu gewährleisten, müssen Sie als Hundebesitzer folgendes beachten: Durch die sogenannte doppelte Prägung (auf Hunde und Menschen) betrachten Hunde sowohl Artgenossen als auch Menschen als Sozialpartner. Das bedeutet, sie übertragen ihr Sozialverhalten auf Menschen und damit natürlich auch auf Kinder.

Rudelführer sind immer ältere und sehr erfahrene Tiere. Für einen Hund bedeutet es eine verkehrte Welt, wenn ein Kind versucht, ihn zu dominieren, sei es körperlich, sei es durch Hörzeichen. Bestenfalls kommt er zu dem Schluß, daß ihn Hörzeichen nichts angehen!

Welpenschutz

Der vielzitierte Welpenschutz (den es im übrigen so pauschal nicht gibt!) darf nicht als Rechtfertigung dafür dienen, daß Kinder an dem Hund herumzerren (oder Schlimmeres). Die Ausage „Alle Kinder und Welpen genießen Welpenschutz" ist eine grobe Vereinfachung der komplexen Vorgänge in einem Hunderudel. Nicht alle Hunde und schon gar nicht alle Rassen reagieren wie im Lehrbuch! Zu viele Faktoren spielen eine Rolle: genetische Disposition, Aufzucht, Sozialisierung, Erfahrungen usw..Die meisten Hunde lassen sich von Babys und Kleinkindern erstaunlich viel gefallen: An den Ohren ziehen, zwicken, im Schlaf stören usw. Doch das bedeutet auf keinen Fall, daß der Hundebesitzer dies auch zulassen darf! Irgendwann kann es auch dem gutmütigsten Hund zu viel werden, und er wird erst knurren und irgendwann einmal schnappen. Selbst wenn es als Drohschnappen gemeint war, kann er aus Versehen das Baby oder Kind einmal streifen. Schließlich können Kinder nicht so schnell ausweichen wie junge Hunde. Und das kann schlimm ausgehen. Doch selbst, wenn dem Kind nichts passiert, hat man ab sofort ein ernsthaftes Problem: Ein Hund, der Kinder als nervige Plagegeister kennenlernen mußte, wird nie wieder so kinderlieb wie vorher! Das einzige, was man dann noch tun kann ist, den Hund von Kindern (von allen Kindern!) fernzuhalten, was in der Regel bedeutet, daß der Hund abgeben werden muß, wenn in der Familie Kinder leben!

Können Sie das verantworten?

Wenn der Hund eines Tages zu dem Entschluß kommt, sich von dem Kind nichts mehr sagen oder gefallen zu lassen, kann seine Form der Zurechtweisung für das Kind sehr schmerzhaft ausfallen! Der Hund ist dann auf keinen Fall verhaltensgestört oder besonders aggressiv, er hat nur seinem Sozialverhalten gemäß reagiert. Selbst wenn es nicht so weit kommt, wird im besten Fall dem Gehorsam des Hundes verwässert. Lernt er Hörzeichen, die von den Kindern gegeben werden, als für sich nicht verbindlich kennen, überträgt er

dies auch auf seinen erwachsenen Besitzer, d.h. er nimmt die Hörzeichen nicht ernst oder testet ständig aus, ob er sie auch befolgen muß.

Ausnahmen bestätigen die Regel

Vielleicht kennen Sie ja einen Hund in der Familie, Nachbarschaft etc., der von scheinbar unendlicher Gutmütigkeit mit Kindern ist, sich jahrelang streicheln und spazierenführen läßt, ohne daß je etwas passiert. Solche Fälle gibt es natürlich. Aber sie sind keinesfalls die Regel, und niemand kann vorher sagen, ob Ihr Hund so gutmütig ist und vor allen Dingen auf Dauer bleibt. Auch die oft beschworene angebliche „Kinderliebe" bestimmter Rassen nützt hier nichts, wenn sich die Kinder nicht dem Sozialverhalten des Hundes angemessen verhalten.

Kinder und Hunde nicht alleine lassen

Selbstverständlich kann Ihr Hund mit Kindern spielen, schmusen, toben. Aber nicht mehr! Nie dürfen Sie Ihren Hund mit Kindern ohne Aufsicht lassen. Dazu zählt auch der

Gang „mal eben um die Ecke". Es gibt aktuelle Gerichtsurteile, nach denen Eltern die Verletzung der Aufsichtspflicht vorgeworfen wurde, weil sie ein 14jähriges Kind mit einem Hund alleine spazieren gehen ließen. Wir können nur immer wieder davor warnen.

Sie haben keinerlei Einfluß darauf, was während eines unbeaufsichtigten Spazierganges passieren kann. Was ist, wenn Ihr Kind auf einen streunenden Hund trifft, der eine Beißerei mit Ihrem Hund anfängt? Was ist, wenn sich Ihr Hund doch einmal losreißt und auf die Straße rennt? Was ist, wenn Nachbarskinder den Hund ärgern?

Sicher sind Sie jetzt entsetzt, denn womöglich haben Sie den Hund für die Kinder gekauft und all die wohlmeinenden Ratschläge von Pädagogen im Ohr, die Hunde für die Ent-

wicklung von Kindern als so wichtig ansehen. Dies ist sicher richtig, aber die meisten dieser Ratschläge berücksichtigen nur die Seite des Kindes! Ihr Hund und Ihre Kinder können weiterhin die besten Freunde bleiben, aber nur in den aufgezeigten Grenzen!

Weiterhin können wir auch nur davor warnen, den Hund alleine im Garten, Hof etc. laufen zu lassen, wenn das Grundstück von der Straße her eingesehen werden kann. Es ist schon sehr oft passiert, daß ein Hund kinderfeindlich wurde, weil er von Kindern über den Zaun geneckt worden ist. Bei sensiblen Tieren genügt schon ein einziger unangenehmer Vorfall!

Auf einen Blick

Kinder und Hunde

- Hunde sind kein Spielzeug und für Kinder nicht automatisch die besten Freunde.
- Ärgern oder Befehle erteilen ist für Kinder tabu.
- Gehorsam gegenüber Kindern kann erst ab dem ca. 13./14. Lebensjahr des Kindes erwartet werden und das auch nur bei kooperativen und sehr gut erzogenen Hunden unter Anleitung von erfahrenen Erwachsenen.
- Lassen Sie Ihren Hund nicht alleine mit Kindern (auch nicht im Nebenraum, nicht im Garten und schon gar nicht auf der Straße).
- Lassen Sie Ihren Hund nicht alleine im Garten, damit er nicht von fremden Kindern geärgert werden kann.

Ein harmonisches Paar.

SOZIALE KOMMUNIKATION
SPIELEN UND ERZIEHUNG

▸ 202 SPIELEN — ABER RICHTIG

▸ 206 SPIELEN BEIM TRAINING

▸ 211 KONTAKTLIEGEN UND SCHMUSEN

▸ 212 WAS ZÄHLT NICHT ZUR SOZIALEN KOMMUNIKATION?

▸ 213 UNTERFORDERUNG

▸ 216 BESCHÄFTIGUNGS-IDEEN FÜR JEDEN TAG

SOZIALE KOMMUNIKATION MIT DEM HUND

Wie bekomme ich einen kooperativen Hund?

Ob sich ein Hund im täglichen Zusammenleben und bei der Erziehung kooperativ verhält und was man bei der Erziehung erreichen kann, hängt von mehreren Faktoren ab. Die Vermittlung der Basiserziehung ist nur ein einziger dieser Punkte. Möchten Sie den Bedürfnissen des Tieres gerecht werden, darf die Erziehungsarbeit zum Grundgehorsam keinesfalls die einzige Form der sozialen Kommunikation sein. So selbstverständlich dies auf den ersten Blick klingt, so oft sieht die Realität ganz anders aus: Hunde hocken den ganzen Tag im Garten, Zwinger u. ä. herum und langweilen sich. Abwechslung und Beschäftigung fehlen völlig. Jedoch kann auch ein im Haus gehaltener Hund durchaus frustriert sein, da er nunmal das leckere Futter dreimal am Tag und den wunderbaren Schlafplatz nicht als Kommunikation, sondern wohl eher als eine Selbstverständlichkeit betrachtet.

Begeistertes Spiel mit einem Futterball.

SPIELEN – ABER RICHTIG!

Spielen fördert die Bindung

Zur sinnvollen sozialen Kommunikation zählt als eine der wichtigsten Komponenten das kontrollierte Spiel mit dem Hund. Beim kontrollierten Spiel lernt der Hund Sie als jemanden kennen, der Lustgefühle bereiten kann. Bei aller Notwendigkeit, den Hund konsequent, aber gewaltlos, darauf hinzuweisen, daß er nicht Rudelführer sein kann, darf man nicht vergessen, daß Hunde auch sehr lustbetonte Wesen sind. Lernt der Hund als Welpe, daß es beispielsweise die Nachbarskinder sind, mit denen man so richtig „einen draufmachen" kann, wird er unter Umständen sein Leben lang versuchen,

Spielen – aber richtig!

auszubüchsen und zu den Nachbarn zu rennen, in der Hoffnung, die dort so angenehmen Erlebnisse mögen sich wiederholen. Ein Hund, der diese Erfahrungen hingegen mit seinen Menschen macht, wird eine wesentlich stärkere Fixierung auf seine Besitzer entwickeln. Wenn es Ihnen gelingt, sich durch entsprechendes Spiel für den Hund interessant zu machen, wird sein Bestreben, Sie auf gemeinsamen Spaziergängen stehenzulassen, weitaus geringer sein, sofern Sie auch hier regelmäßig mit ihm spielen.

Sicherlich geht Ihnen regelmäßig das Herz auf, wenn Sie spielende Hunde beobachten können. Der Spaß steht den Vierbeinern förmlich ins Gesicht geschrieben. Gleichzeitig haben die meisten Besitzer die Erfahrung gemacht, daß es sehr schwer ist, den eigenen Hund erfolgreich zu sich zu rufen, wenn dieser ins Spiel vertieft ist.

> **TIP**
> Spielen erhöht nicht nur die Gehorsamsbereitschaft Ihres Hundes. Viele Hunde zeigen eine Anzahl unerwünschter Verhaltensweisen, weil sie völlig unterbeschäftigt sind. Gerade Besitzer von Hunden, die jagen bzw. hetzen – wobei es hier völlig gleichgültig ist, was gejagt wird, ob Autos, Jogger usw. – sollten ihren Hunden durch kontrolliertes sinnvolles Spiel eine Ersatzbefriedigung bieten.

Doch auch Sie haben die Möglichkeit, sich durch entsprechende Spielangebote für den Hund interessant zu machen, und ihn an sich zu binden.

Regelmäßig und richtig spielen

Regelmäßiges Spiel erhöht Ihre Chancen beträchtlich, daß der Hund Ihnen zuliebe andere Spielkameraden links liegen läßt, wenn er gerufen wird. Keinesfalls sollten Sie Spiel jedoch mit dem bloßen Wegwerfen von Gegenständen verwechseln. Dies langweilt die meisten Hunde schnell. Spielen will gestaltet sein. Sehr viele Hunde lieben Beutespiele. Hierzu verwenden

Sie am besten einen Ball an einer Schnur, der es Ihnen ermöglicht, auch dann weiterzuspielen, wenn der Hund das Spielzeug im Maul hält. Verwenden Sie weiches Gummispielzeug. Denn viele Hunde hassen es geradezu, in hartes Gummi zu beißen. Gut geeignet sind Kongbälle aus weichem Gummi mit einer Schnur daran.

Spielen heißt meist Beute machen

Bewegen Sie dieses Spielzeug quietschend (die Quietschgeräusche machen Sie!) und schnell über den Boden vom Hund weg: Es stellt sich tot, wehrt sich, wie ein echtes Beutetier (siehe S. 206). Die meisten Hunde sind hiervon begeistert. Berücksichtigen Sie beim Spielen auch die rassespezifischen Bedürfnisse Ihres Hundes, viele Jagdhunde lieben z. B. Suchspiele nach Leckerchen, Apportierspiele sind oft das richtige für Retriever usw. (Lesetips siehe Anhang). Zeit für Spiel soll jeden Tag sein.

Kontrolliert spielen

Kontrolliertes Spiel bedeutet: Sie beginnen und beenden das Spiel. Das Lieblingsspielzeug halten Sie unter Verschluß. Der Hund erhält es nur gemeinsam mit Ihnen. Haben Sie Lust und Zeit zum Spielen, holen Sie das Spielzeug hervor und laden den Hund ein. Sind Sie der Meinung, daß es nun

ausreicht, so beenden Sie das Spiel. Wenn Sie aufhören zu spielen, sollte der Hund immer noch motiviert sein, mitzumachen. Keinesfalls sollten Sie Ihr Spiel mit einem gelangweilten Hund beenden. Im Gegenteil, der Hund sollte noch ganz heiß darauf sein, und hierzu ist es optimal, wenn Sie das Spielzeug bevor Sie es dann ganz abrupt wegstecken, noch einmal interessant für den Hund machen, ohne daß er es erhält. Können Sie es nicht durchsetzen, Ihrem Hund das Spielzeug abzunehmen, so brechen Sie das Spiel dadurch ab, daß Sie Ihn einfach ignorieren. Auch wenn er erneut Spiel anbietet, lassen Sie ihn links liegen. Sobald er das Spielzeug fallen läßt, schleichen Sie sich heran, greifen es schnell, machen es wieder interessant für den Hund, ohne es ihm zu geben, und packen es dann weg.

Spielmotivation erhöhen

Eine sehr gute Möglichkeit, die Motivation des Hundes zu erhöhen, ist es, das Spielzeug auf dem Schrank zu verwahren. Ein- bis zweimal am Tag gehen Sie zum Schrank und machen den Hund stimmlich darauf aufmerksam, daß Sie dort gerade etwas ganz Tolles gefunden haben. Dann werfen Sie das Spielzeug ein paar Mal in die Luft – Sie müssen hier wirklich ganz begeistert tun, nur so wirkt die Begeisterung auch ansteckend für den Hund – und legen es wieder auf den Schrank, ohne daß der Hund es bekommt.

Machen Sie sich schon beim Welpen interessant.

Kein Dominanzkampf

Keinesfalls sollte das Spiel in einen Dominanzkampf ausarten, achten Sie darauf, daß Sie stets die Kontrolle behalten und der Hund sich das Spielzeug jederzeit ohne Aggression abnehmen läßt. Bedroht Ihr Hund Sie dabei ernsthaft (spielerisches Knurren ist natürlich erlaubt), wenden Sie sich sofort von ihm ab. Sie sollten fachliche Hilfe in Anspruch nehmen.

Soziale Kommunikation

SPIELEN BEIM TRAINING

Jede einzelne Trainingseinheit, die jedesmal nur einige Minuten dauert, wird mit einem kurzen und fröhlichen Spiel beendet! Ihr Hund soll lernen, daß die Übungen mit Ihnen Spaß machen und immer mit Spiel enden. Toben Sie mit ihm herum, am besten in Verbindung mit einem Spielzeug, damit der Hund gar nicht erst in Versuchung kommt, mit Ihrer Kleidung, Händen etc. zu spielen.

Richtig spielen Schritt-für-Schritt

Setzen Sie sich zunächst in ablenkungsfreier Umgebung zu Ihrem Hund auf den Boden. Das Spiel und Sie selbst sollen hier das Interessanteste sein. Hat der Hund dies erst einmal begriffen, wird er bald überall mit Ihnen spielen und all seine Aktionen Ihnen zuliebe unterbrechen.

Schritt 1

Nehmen Sie die Schnur des Spielzeugs in eine Hand, und ziehen Sie sie vor der Nase des Hundes hin und her. Passen Sie Ihr Tempo dem Hund an. Der Hund sollte sich weder langweilen noch völlig chancenlos sein! Zusätzliche Geräusche mit der Stimme, die diese „Beute" imitieren, dürfen keinesfalls fehlen. Ihrer Phantasie sind keine Grenzen gesetzt, versuchen Sie es mit hoher, freudiger Stimme, doch verzichten Sie auf Sprache im menschlichen Sinne.

Dann versuchen Sie es im Stehen. Beugen Sie sich zu Ihrem Hund herunter, und ziehen Sie das Spielzeug an der Schnur über den Boden. Beutegeräusche nicht vergessen! Zeigt der

Beenden Sie jede Übung mit einem fröhlichen Spiel.

Spielen beim Training

Hund Anzeichen, das Spielzeug ins Maul nehmen zu wollen, so lassen Sie das Spielzeug zunächst nicht los, sondern führen einen sanften Kampf mit dem Hund, indem Sie daran ziehen und die Beute imitieren, die sich wehrt. Dies macht das Spielzeug für den Hund wesentlich interessanter, als wenn Sie es sofort fallen lassen und es damit in den Augen des Hundes „tot" ist. Es empfiehlt sich, gemeinsam mit dem Hund einige Meter zu rennen, sobald er die Beute „gewonnen" hat, bevor man sich niederläßt, um weiterzuspielen. Dies funktioniert am besten, wenn Sie dem Hund zuvor eine dünne Leine angelegt haben. So können Sie ihn am besten kontrollieren. Denn der Hund soll in diesem Stadium keinesfalls lernen, mit dem Spielzeug vor Ihnen wegzurennen. Außerdem lieben es Hunde im allgemeinen mit ihren Besitzern zu rennen. Ein weiterer Pluspunkt für Sie auf der Beliebtheitsskala Ihres Hundes. Lassen Sie Ihren Hund hierbei während der ersten Tage (diese Zeitangabe gilt nur bei mehrmaligem Spiel am Tag!) nach Möglichkeit gewinnen. Das heißt, Sie lassen das Spielzeug nach kurzem Hin und Her los, versuchen den Hund durch Rufen erneut zu locken und beginnen das Spiel von Neuem. Seien Sie aufmerksam, und es wird Ihnen leicht gelingen, dem Hund das Spielzeug ohne Hörzeichen (nur in den ersten Tagen!) zu „stehlen".

Ziehen Sie das Spielzeug wiederum über den Boden, und imitieren Sie Beutegeräusche. Darauf folgt ein kurzes Beutespiel,

> **TIP**
> Zunächst einmal benötigen Sie ein Objekt, das das Interesse Ihres Hundes weckt. Vielleicht müssen Sie einiges ausprobieren, bis er auf den Geschmack kommt. Werfen Sie keinesfalls gleich nach einigen Tagen das Handtuch, wenn er keine Reaktion auf Ihre Spielaufforderung zeigt. Sie bringen sich sonst um einen unersetzlichen Bindungsmultiplikator. Besorgen Sie weiches Gummispielzeug. Nehmen Sie es dem Hund weg, wenn er unbeaufsichtigt ist. Sonst gelingt es ihm möglicherweise, es zu zerkauen und herunterzuschlucken. Quietschendes Spielzeug ist verführerisch. Das Spielzeug sollte am besten an einer Schnur hängen, da das Spiel dadurch vielseitiger wird.

Soziale Kommunikation

Spielen Sie zu Beginn an der Leine.

der Hund gewinnt, Sie laufen eine kleine Runde mit ihm, ruhen kurz aus (nicht länger als einige Sekunden) und fordern erneut zum Spiel auf. Verzichten Sie in den ersten Tagen darauf, das Spielzeug wegzuwerfen. Die erste Lernerfahrung soll sein, daß das Spiel nur dann interessant ist, wenn das begehrte Objekt in Ihren Händen ist und nicht etwa dann, wenn es von Ihnen wegfliegt. All dies soll noch an einer dünnen Leine geschehen.

Ist die gewünschte Verknüpfung erfolgt, (das merken Sie daran, daß Ihr Hund, nachdem Sie ihn haben gewinnen lassen, begeistert auf Sie zuläuft, sobald Sie durch freudiges Rufen erneut zum Spiel einladen) können Sie dazu übergehen, das Spielzeug wenige Meter weit von sich zu werfen. Nun können Sie versuchen, auf die Leine beim Spiel zu verzichten.

Es gibt Welpen, die einige Zeit benötigen, um weiter als zwei bis drei Meter weit sehen zu können. Sie verfolgen das Spielzeug deswegen nicht, weil sie nicht erkennen können, wohin es geflogen ist.

Beschränken Sie nun keinesfalls das Spiel darauf, das Spielobjekt wegzuwerfen. Dies wird den Hund schnell langweilen. Bauen Sie es lediglich als Variante ein.

Schritt 2

Läuft Ihr Hund schon zuverlässig hinter dem Spielzeug her und läßt sich durch Ihr freudiges Rufen bewegen, zu Ihnen zurückzukommen, um weiter zu spielen, können Sie beginnen, das Hörzeichen **AUS** einzuführen. Bitte beachten Sie: dies ist bereits Schritt 2. Schritt 1 sollten Sie in keinem

Fall überspringen. Denn der Hund muß zuerst den Lernschritt vollzogen haben, daß Spielen äußerst lustvoll ist! Benutzen Sie ein Leckerchen, das Sie dem Hund direkt vor die Nase halten, sagen Sie deutlich **AUS** und geben Sie dem Hund das Leckerchen in dem Moment, in dem er das Spielzeug fallen läßt. Sehr bewährt hat sich auch die Methode, ein zweites, äußerlich identisches Spielzeug aus der Tasche zu ziehen, damit scheinbar ein neues Spiel einzuleiten und in dem Moment **AUS** zu verlangen, in dem der Hund sein Spielzeug fallen läßt (siehe auch S. 139). Hier muß das Timing stimmen, um eine Verknüpfung zu erreichen. Sagen Sie **AUS,** noch bevor das Spielzeug am Boden angekommen ist. Zwei Spielzeuge sind hierbei das Minimum!

Nehmen Sie das am Boden liegende Spielzeug weg, stecken Sie es ein, und spielen Sie mit dem zweiten, identischen weiter. Nun beginnen Sie, das Spiel zu erweitern, indem Sie mit dem Spielzeug in der Hand schnell vor dem Hund davonlaufen, es aber sichtbar für den Hund halten und die für den Hund nun schon bekannten Geräusche von sich geben. Bleiben Sie abrupt stehen, ziehen Sie das Spielzeug mit Einsatz Ihrer Stimme möglichst schnell über den Boden. Nehmen Sie es wieder auf, und rennen Sie erneut weg. Bleiben Sie stehen, halten Sie das Spielzeug auf Brusthöhe sichtbar für den Hund. Verstecken Sie es hinter Ihrem Rücken, und fordern Sie den Hund auf, es zu suchen. Machen Sie es ihm nicht zu leicht.

Bestimmen Sie die Dauer des Spiels

Sie bestimmen, wann und wie lange gespielt wird! Entweder läßt Ihr Hund das Spielzeug von sich aus fallen, weil ihn das Spiel ohne Sie langweilt (dies tut er tatsächlich, wenn Sie schrittweise wie beschrieben vorgehen), oder er bringt Ihnen das Spielobjekt und fordert Sie auf, weiterzumachen. Haben Sie noch Lust und Zeit, so spielen Sie weiter, wenn nicht, brechen Sie das Spiel ab. Ist Ihr Hund erst einmal richtig „heiß" darauf geworden mit Ihnen zu spielen, nutzen Sie dies auch aus. Sie bestimmen, wann und wie lange gespielt wird.
Um dem Hund keine falsche Vorstellung von Ihrer Mensch-Hund-Beziehung zu vermitteln, ist es wichtig, daß Sie letztlich alle Spiele gewinnen! Das bedeutet, Sie brechen das Spiel ab, wenn die Motivation des Hundes am höchsten ist und behalten das Spielzeug unter Verschluß!

Phantasievoll spielen

Diese Spielvarianten sind kein Dogma, doch probieren Sie es aus, sofern Sie noch keine Erfahrung mit dem kontrollierten Erziehungs- und Belohnungsspiel haben. Phantasievollen Erweiterungen, die dem Hund nicht schaden, sind keinerlei Grenzen gesetzt. Ob Sie richtig mit dem Hund gespielt haben, merken Sie daran, daß Ihnen nach einigen Minuten die Puste ausgeht, dann sind Sie auf dem richtigen Weg!

KONTAKTLIEGEN – SCHMUSEN

Auch das Schmusen mit dem Hund gehört zur sozialen Kommunikation. Das Kontaktliegen wird von vielen Hunden sehr geschätzt. Aus erzieherischen Gründen sollten Sie den Hund nicht auf das Sofa lassen, um dort mit ihm zu schmusen. Setzen Sie sich auf den Boden und schmusen Sie dort mit ihm. Sie sollten streng darauf achten, daß Sie den Hund dazu auffordern bzw. das Kontaktliegen auch abbrechen. Schicken Sie ihn weg, wenn Sie keine Lust mehr haben oder stehen Sie einfach auf und gehen. Drängt er sich weiterhin auf und will den Abbruch nicht akzeptieren, so ignorieren Sie ihn völlig.

Viele Hunde zwingen Ihre Besitzer zu ständigen Streicheleinheiten durch Aufdringlichkeit, Pföteln, Herandrücken usw. Interessanterweise sind dies sehr oft Hunde, die schlecht gehorchen. Trifft dies für Ihren Hund zu, ist das Kapitel „Die heimlichen Sieger" Pflichtlektüre.

Beenden Sie das Spiel, wenn die Motivation des Hundes am höchsten ist.

WAS ZÄHLT NICHT ZUR SOZIALEN KOMMUNIKATION?

Folgende Dinge der alltäglichen Versorgung des Hundes sind selbstverständlich und zählen nicht zur sozialen Kommunikation. Sie erhöhen weder die Gehorsamsbereitschaft des Hundes noch vertiefen sie die Mensch-Hund-Beziehung.

Je mehr Beschäftigung, desto besser die Bindung.

Auf einen Blick

Grundbedürfnisse – keine soziale Kommunikation

Qualitativ hochwertiges Futter ist selbstverständlich. Dankbarkeit oder Gehorsam von Seiten des Hundes darf man dafür nicht erwarten.

Räumliche Nähe ist lediglich Voraussetzung für alles andere: vernünftige Erziehung, sozialer Austausch. Ein Hund, der die meiste Zeit des Tages allein, isoliert von seiner Hauptbezugsperson leben muß, wird eine intensive Bindung schwerlich oder gar nicht entwickeln können. Zur isolierten Haltung zählt auch eine überwiegende oder ausschließliche Haltung im Garten, Zwinger, an der Kette u.ä. Hierbei ist es völlig unerheblich, wie groß und/oder schön der Garten oder Zwinger ist. Der Gehorsam eines solchen Hundes ist ohne abzulehnende Starkzwangmittel kaum zu erreichen.

Der Spaziergang mit dem Hund, ob mit oder ohne Leine, wird vom Hund im allgemeinen als angenehme und aufregende Abwechslung empfunden, die mit dem anderen Ende der Leine herzlich wenig zu tun hat. Der Hund ist nicht in der Lage zu erkennen, daß Sie es sind, die ihm dieses angenehme Erlebnis verschaffen. Deswegen kann hierfür weder Gehorsam noch Dankbarkeit oder gar Zuneigung erwartet werden. Wir reden hier von einem Spaziergang, bei dem keine Spielaufforderung Ihrerseits oder von Seiten des Hundes erfolgt. Natürlich erfüllen auch diese täglichen Spaziergänge wichtige psychische und physische Bedürfnisse des Hundes und sind deshalb unerläßlich.

UNTERFORDERUNG

Oft entstehen Probleme mit dem Hund auch dann, wenn er scheinbar genügend Auslauf, Sozialkontakte, Erziehung etc. erhält. Ziehen an der Leine, Zerstörungswut, Hetzen von Joggern, Fahrradfahrern, Autos usw. haben ihre Ursache oft in der mangelnden Beschäftigung des Hundes. Haben Sie schon einmal daran gedacht, daß Ihr Hund einfach unterfordert ist? Dieses Problem entsteht oft bei Arbeits- und Gebrauchshunderassen (z. B. Jagdhunden, Hütehunden, Schlittenhunden), tritt jedoch auch bei sogenannten Schoß- oder Begleithunderassen auf. Als extremes Beispiel sei hier der Border Collie genannt. Wird so ein Hund nur als Familienhund gehalten, sind die Probleme oft vorprogrammiert.

Jordy

Ein unterforderter Hund: der Border Collie Jordy

Als Beispiel für einen unterforderten Hund kann hier der Border Collie Jordy angeführt werden. Jordy gehörte ehemaligen Kunden unserer Hundeschule und wurde ausschließlich im Garten gehalten, also ohne ausreichenden Sozialkontakt und ohne ausreichende Beschäftigung. Der Hund suchte sich daraufhin selbst diese Beschäftigung. Er verschwand immer öfter über den von den Besitzern kontinuierlich erhöhten Zaun und ging seine eigenen Wege. War er da, bellte er unaufhörlich. Schließlich wurde Jordy an Freunde abgegeben, die ihn nach einigen Tagen als aggressiv einstuften und im örtlichen Tierheim abgaben. Schließlich landete er bei uns. Der Border Collie fügte sich sofort problemlos im Haushalt ein, zeigte aber folgende Schwierigkeit: Beim Spazierengehen war kein Jogger, kein Fahrradfahrer, kein Auto vor ihm sicher. Aufgrund seiner enormen Schnelligkeit war er in Sekunden Hunderte von Metern weg, verbellte sein „Opfer" kurz, um genauso schnell zurückzukommen.

Neben der erforderlichen Basiserziehung, die Jordy erstaunlich schnell (so schnell, daß er nach

Bei vielen Hunden ist Springen sehr beliebt.

nur fünf Monaten die Begleithundeprüfung bestand) absolvierte, begannen wir zeitgleich mit Agility. Jordy war in seinem Element. Sein ausgeprägtes Hetzverhalten verringerte sich immer mehr. Nach einigen Wochen bereits trat es nur noch in Ausnahmesituationen auf. Sein Gehorsam und seine Bellhäufigkeit stehen dabei in direktem Zusammenhang mit seiner Beschäftigung. Kann einmal zwei bis drei Tage nicht mit ihm trainiert werden (Agility oder Kunststückchen), beginnt er wieder vermehrt zu bellen. Dauert die Trainingspause gar noch länger (z. B. durch Krankheit) hält er wieder Ausschau nach potentiellen Jagdopfern, und man muß sehr auf der Hut sein, damit er nicht wieder „abflitzt".

Ihr Hund braucht eine Aufgabe

Jordy stellt sicher ein extremes Beispiel dar. Aber auch die meisten anderen Rassen wurden generationenlang gezüchtet, um eine Aufgabe zu erfüllen. Macht Ihr Hund Probleme, so müssen Sie selbstkritisch hinterfragen, ob seinen rassespezifischen Eigenarten in Form von Beschäftigung Rechnung getragen wird. Viele Hunde benötigen zur inneren Ausgeglichen-

Unterforderung

heit eine Aufgabe, nicht nur zur Bewegung (die natürlich auch ausreichend geboten werden sollte), sondern als „Training für den Kopf".

Hier gibt es viele Möglichkeiten. Für die Hundesportarten Agility, Flyball und Breitensport (auch Turnierhundesport genannt) eignen sich fast alle Hunderassen. Aber auch Kunststückchen und Suchspiele fordern den Hund, geistig zu arbeiten (siehe S. 216). Schlittenhunde oder Windhunde lieben es zu rennen, Jagdhunde benötigen Beuteersatzspiele (die auch die meisten anderen Hunde lieben) und/oder Suchspiele. Die Hütehundrassen sind im allgemeinen sehr arbeitsfreudig und intelligent. Für sie sind Kunststückchen und Hundesport gut geeignet. Eine der wenigen Ausnahmen stellt die Gruppe der Herdenschutzhunde dar, die in der Regel nur schwer für Spiele zu begeistern sind.

Abwechslungsreiche Spaziergänge

Abwechslung bei den Spaziergängen sollten Sie Ihrem Hund auf jeden Fall bieten. Gehen Sie nicht immer an den gleichen Orten spazieren oder gar immer auf demselben Weg! Sie werden merken, wie begeistert und neugierig Ihr Hund ist, wenn er einmal etwas anderes sehen und erschnuppern darf als die gewohnte Umgebung. Ebenfalls wichtig sind Spieltreffs mit anderen Hunden.

Agility ist sehr vielseitig.

BESCHÄFTIGUNGSIDEEN FÜR JEDEN TAG

Suchspiele

Im Haus

Nehmen Sie das Lieblingsspielzeug Ihres Hundes, und spielen Sie kurz mit ihm, bis er richtig „heiß" darauf ist. Dann wird er vor die Tür gesperrt. Verstecken Sie nun das Spielzeug. Wählen Sie zunächst ganz leichte Verstecke, damit der Hund sofort ein Erfolgserlebnis hat. Lassen Sie den Hund wieder herein, und feuern Sie ihn mit den Worten „Such's, ja wo ist es denn!" o. ä. an. Hat er es gefunden, spielen Sie wieder mit ihm. Je nach Temperament und Ausdauer des Hundes können Sie das Spiel öfter wiederholen, und die Verstecke werden dabei immer anspruchsvoller. Hören Sie aber auf, bevor der Hund die Lust daran verliert.

Im Freien

Werfen Sie als erstes ein Leckerchen vor den Augen des Hundes ein bis zwei Meter entfernt ins Gras, und feuern Sie ihn mit **SUCH** o. ä. an. Sobald Ihr Hund etwas Übung im Suchen des Leckerchens entwickelt hat, können Sie den Schwierigkeitsgrad steigern: Sie werfen das Leckerchen weiter weg oder in trockenes Laub, hohes Gras, unters Gebüsch etc. Sie werden sehen, daß Ihr Hund mit Feuereifer dabei ist. Was spricht dagegen, ihn sich einen Teil seines Futters „erarbeiten" zu lassen?

Helfen Sie Ihrem Hund.

| Beutespiele | Nehmen Sie runde Leckerchen, die Sie auf einem harten Weg über den Boden kullern lassen. Ihr Hund wird diese „Beute" mit Begeisterung fangen und vertilgen.
Gerade Futtersuchspiele stellen neben dem Spiel mit Spielzeug eine sehr gute Möglichkeit dar, den Hund auf sich zu fixieren und auszulasten. Die intensive Nasenarbeit bei diesen Suchspielen trägt bei mehreren kurzen Wiederholungen während der Spaziergänge sehr dazu bei, daß Ihr Hund körperlich und geistig ausgelastet wird.
Diese Spiele eignen sich auch sehr gut als Belohnung für ein erfolgreiches Herankommen. Ist Ihr Hund bei Ihnen angelangt, zeigen Sie ihm das Leckerchen und werfen es mit

Tricks fordern Ihren Hund auch geistig.

dem Hörzeichen **SUCH** ins Gras oder lassen es über den Weg kullern.
Bei Hunden mit hohem jagdlichen Appetenz- oder Hetzverhalten sollten diese Spiele zu Ihrem täglichen Repertoire gehören. Gerade diese Hunde sollten sich ein Viertel oder mehr der täglichen Futterration auf den Spaziergängen „erarbeiten".

Kunststückchen — Die meisten Hunde haben einen Riesenspaß am Erlernen und Vorführen von Kunststückchen. Warum? Wahrscheinlich deswegen, weil sie einen so großen Erfolg damit haben. Hier zwei Beispiele.

Rolle — Zuerst lassen Sie Ihren Hund **PLATZ** machen. Dann legen Sie ihn sanft auf die Seite. Den Kopf darf er oben lassen. Nun zeigen Sie ihm ein Leckerchen und führen es in einem Bogen von seiner Nase zu seinen Rippen hin. Er wird mit dem Kopf folgen, und wenn er sozusagen zu seinem Schwanz schaut, bekommt er das Leckerchen.

Soziale Kommunikation

Mit jeder Wiederholung führen Sie das Leckerchen immer weiter in Richtung Rücken, bevor er es bekommt. Manche Hunde rollen sich dann schon von alleine weiter. Gehört Ihr Hund nicht dazu, üben Sie solange, bis er dem Leckerchen willig folgt und rollen ihn dann herum, indem Sie seine Beine in die Hand nehmen. Danach darf er sofort aufspringen. Sie loben ihn begeistert, und er bekommt noch ein Leckerchen. An diesem Punkt können Sie ein Hand- und/oder Hörzeichen einführen. Sie geben das Zeichen und fangen mit der Übung an. Seien Sie geduldig. Es ist nicht nötig, daß der Hund gleich am ersten Tag die Rolle perfekt lernt, und schließlich geht es ja darum, ihn zu beschäftigen, und nicht um Perfektion.

Sich schämen

Nehmen Sie ein Stückchen Klebeband (3-4 cm lang) und kleben Sie es zwei- bis dreimal auf Ihren Pulli (immer wieder abziehen), damit es nicht mehr so stark haftet. Dann befestigen Sie es Ihrem Hund auf der Schnauze (nicht auf dem Nasenspiegel!). Es soll gerade noch so haften bleiben, keinesfalls darf es noch so stark kleben, daß es an den Haaren zieht. Halten Sie unbedingt Leckerchen bereit! Sobald Ihr Hund mit der Pfote versucht, das Klebeband abzustreifen, loben Sie ihn in den höchsten Tönen und stecken ihm das Leckerchen zu. Achtung: Wird Ihr Hund panisch und hört trotz Lob und vorgehaltenen Leckerchens nicht auf, sich über die Schnauze zu streichen, nehmen Sie das Klebeband sofort ab und vergessen diese Übung!

Ein Fahrradhalter erhöht die Sicherheit.

Beschäftigungsideen für jeden Tag

Nimmt er das Leckerchen an, warten Sie einfach einen Moment. Ihm wird das Klebeband wieder einfallen und er wird erneut mit der Pfote über die Schnauze streichen. Nun sofort wieder loben und Leckerchen. Diese Übung wiederholen Sie einige Male (evtl. neues Klebeband verwenden). Am zweiten Tag können Sie ein Hör- und/oder Sichtzeichen (z. B. **SCHÄM DICH**) einbauen (Literaturtips zu Kunststückchen siehe Anhang).

Fahrradfahren

Fahrradfahren mit Hund ist für lauffreudige Vierbeiner natürlich eine gute körperliche Auslastung. Fangen Sie damit aber auf keinen Fall an, bevor der Hund ausgewachsen ist. Lassen Sie Ihren Hund vorher vom Tierarzt untersuchen. Am sichersten ist es, wenn Sie einen sogenannten Springerbügel (im Zoofachhandel erhältlich) benutzen.

Auf dieses Wagnis sollten Sie sich erst mit einem erzogenen Hund einlassen.

Beginnen Sie mit kleinen Strecken, und fahren Sie immer nur so schnell, daß der Hund bequem traben kann. Bei großer Hitze dürfen Sie selbstverständlich nicht fahren und auch sonst sind häufige Pausen notwendig. Bedenken Sie auch, daß Sie Ihren Hund nicht beispielsweise den Sommer über auf Tagesstrecken von 20 km trainieren können und dann erwarten, daß er sich im Winter mit kurzen Spaziergängen zufrieden gibt.

TIP

Click & Treat Fast alle Kunststückchen und sogar die ganze Erziehung kann über Click & Treat erfolgen. Diese Erziehungsmethode wurde von einer amerikanischen Delphinausbilderin entwickelt und basiert auf positiver Konditionierung über einen sekundären Verstärker. Der Clicker ist ein kleiner Knackfrosch, dessen Geräusch für den Hund als Lob dient, das mit einem Leckerchen verstärkt wird. Dies hört sich zwar erst einmal sehr abenteuerlich an, ist aber eine wirklich gute Erziehungsmethode. Eine fundierte Anleitung würde den Rahmen dieses Ratgebers sprengen. Möchten Sie Click & Treat erlernen, sollten Sie Unterricht nehmen. Interessante Hintergrundinformationen zum Clicker-Training finden Sie bei: Karen Pryor: „Positiv bestärken – sanft erziehen. Die verblüffende Methode, nicht nur für Hunde".

SERVICE

- 222 SO FINDEN SIE GUTE HUNDE-TRAINER
- 226 UND WAS IST MIT DEN WÖLFEN?
- 227 EIN WORT ZUM SCHLUSS
- 228 ZUM WEITERLESEN
- 229 VIDEOS
- 230 QUELLENANGABEN
- 232 REGISTER
- 236 NÜTZLICHE ADRESSEN

SO FINDEN SIE GUTE HUNDETRAINER

Pause nach dem Üben.

Hundeschulen

Mittlerweile boomt der Markt und Hundeschulen sprießen überall aus dem Boden. Auch fast jeder Hundeverein bietet mittlerweile Erziehungslehrgänge und Spielstunden an. Leider gibt es in Deutschland keinen staatlich anerkannten Ausbildungsweg für Hundeerzieher, und auch eine Hundeschule kann jeder eröffnen, der sich berufen fühlt. Auch Titel und Verbände sind nicht staatlich verliehen und damit keinerlei Anhaltspunkt über die Qualität des gebotenen Unterrichts. Wir möchten Ihnen einige Entscheidungshilfen an die Hand geben. Folgende Kriterien sollten von einer seriösen Ausbildungsstätte erfüllt werden:

Die Ausbilder geben bereitwillig Auskunft über ihre Qualifikation und Erfahrungen in der Erziehung von Hunden; der Besuch von Weiterbildungsseminaren ist selbstverständlich.
▸ Die Hundeschule bietet Möglichkeit, mindestens einmal unverbindlich beim Unterricht zuzusehen, bevor man sich zu einer Ausbildung entschließt.

- Die Hundeschule bietet ein vielfältiges Programm und schert nicht alle Hunde gleich welcher Rasse und Problematik über einen Kamm.
- Bei Gruppenunterricht sollte die maximale Teilnehmerzahl aus nicht mehr als vier bis sechs Teams bestehen, Gruppenunterricht sollte trotzdem vielfältig gestaltet sein und nicht aus bloßem Im-Kreislaufen bestehen. Die Gruppe sollte konstant sein, Neueinsteiger gehören nicht in bereits laufende Gruppen.
- Problemhunde gehören zunächst immer in den Einzelunterricht, generell sollte für alle Hunde die Möglichkeit bestehen, Einzelunterricht zu nehmen.
- Bei Problemhunden werden individuelle Beratungsgespräche angeboten.
- Bei der Anmeldung wird ein kurzes Aufnahmegespräch geführt, um den Besitzern klarzumachen, was auf sie zukommt.
- Vorsicht beim generellen, vorschnellen oder leichtfertigen Einsatz von Starkzwangmitteln wie Stachelhalsband oder Elektrohalsbändern. Prinzipiell darf der Einsatz von Erziehungsmitteln, die den Besitzern nicht behagen, von Seiten der Hundeschule nicht „erzwungen" werden.
- Rassespezifische Besonderheiten von Hunden werden in der Erziehung berücksichtigt.
- Die Vermittlung von theoretischen Grundlagen für den Besitzer ist eine Selbstverständlichkeit

Ein motiviertes Team.

Kriterien für Welpenschulen

Sollte eine Welpenschule angeschlossen sein, achten Sie bitte auf die folgende Kriterien.

Welpenspielstunden

- Welpenspielstunden sollten sich nicht auf ein bloßes Übereinanderherkullern der Welpen beschränken; theoretische Erklärungen, Selbstsicherheitsspiele, Prägungsspiele etc. sollten selbstverständlich sein. Die Besitzer sollten von den Leitern ständig auf unbewußtes Fehlverhalten hingewiesen werden. Die Spielstunden sind strengstens auf Welpen (je nach Rasse max. 18. Woche) und eventuell wenige sozial wesensfeste erwachsene Hunde zu beschränken, auch die Teilnehmerzahl ist begrenzt.
- Keinesfalls dürfen in der Welpenspielstunde halbstarke Junghunde ihre aufkommenden Kräfte an den Kleinen erproben. Vorsicht bei Welpenspielstunden, die unter dem Motto laufen „Hunde machen prinzipiell alles unter sich aus und erziehen sich gegenseitig." Hunde sind keine wandelnden Therapeuten! Die Leiter greifen sehr wohl ein, wenn Welpen im Spiel über die Stränge schlagen.

Welpenerziehung

- Diese sollte möglichst im Einzelunterricht stattfinden und die Grundlagen der Erziehung und Haltung vermitteln. Im Vordergrund steht theoretischer Unterricht und die Überprüfung des Vermittelten durch den Leiter.
- Grundbegriffe werden spielerisch eingeübt, rasse- und altersspezifische Besonderheiten immer berücksichtigt.
- Unterrichtsziel sollte sein: Lernen macht Spaß und es lohnt sich zu gehorchen! Im Welpenunterricht werden immer genügend Pausen eingelegt, die praktischen Einheiten sind auf wenige Minuten am Stück zu beschränken. Die Welpenspielstunde sollte integrativer Bestandteil der Welpenerziehung im Einzelunterricht sein.
- Findet Welpenunterricht in der Gruppe statt, achte man auf genügend Leiter oder Betreuer und darauf, daß die o. a. Punkte auch hier Beachtung finden. Ebenfalls ein Kriterium für den Gruppenunterricht bei Welpen sind konstante Kleinstgruppen mit Welpen derselben Altersstufe bzw. Entwicklungsstufe.

So finden Sie gute Hundetrainer

Wenn Sie immer noch Zweifel haben

Sollten Sie nach wie vor Zweifel haben, ob Sie die für Sie richtige Hundeschule oder den richtigen Erziehungskurs im Hundeverein gefunden haben, kann ein Blick auf die Hunde der Ausbilder weiterhelfen. Sind diese gut erzogen, wirken sie freudig oder unterwürfig und ängstlich? Lassen Sie sich nicht blenden von perfekt vorgeführten Unterordnungsübungen auf dem Hundeplatz, viel wichtiger ist, wie gut die Hunde der Ausbilder in alltäglichen Situationen auf Zuruf und Hörzeichen reagieren. Selbstverständlich sollten diese Hunde nicht den Eindruck von perfekt funktionierenden Maschinen machen, doch ein Abrufen beispielsweise von anderen Hunden, auch aus dem Spiel heraus, sollte ohne Geschrei beobachtbar sein. Seien Sie nicht schüchtern und bitten, einen Blick auf die Tiere der Ausbilder werfen zu dürfen: Der Umgang der Ausbilder mit den eigenen Vierbeinern kann Ihnen die Entscheidung in jedem Fall erleichtern und Ihnen helfen, sich richtig aufgehoben zu fühlen.

Adressen von sorgfältig arbeitenden Hundeerziehern bzw. -erzieherinnen bekommen Sie auf Anfrage auch von uns.

Sehen Sie sich die Hunde der Ausbilder an.

UND WAS IST MIT DEN WÖLFEN?

Seit einigen Jahren sind sie „in", die Wölfe. Fast jeder Hundetrainer, der etwas auf sich hält, kann einige Sätze über die „Rangordnung" und „Rudelstruktur" der Wölfe zitieren, und Wolfsverhalten wird buchstäblich für alles in der Hundeerziehung als Erklärung herangezogen. Teilweise widersprechen sich die Lehrmeinungen und für den „Hundeanfänger" wird es immer schwieriger, sich im Dickicht der Ratschläge zurechtzufinden.

In diesem Buch haben Sie bis jetzt keinerlei Hinweise auf Wolfsverhalten gefunden. Warum?

Wolfsverhalten ist um einiges komplexer als Hundeverhalten. In unserem Buch steht die Erziehung des Familienhundes im Mittelpunkt. Wölfe und ihr hochentwickeltes Sozialverhalten sind ein sehr interessantes und faszinierendes Thema. Wir möchten Ihnen deshalb unsere Literaturliste ans Herz legen und damit auch die Wölfe – Sie werden es nicht bereuen.

EIN WORT ZUM SCHLUSS

Ein ideales Begleitbuch für die erfolgreiche Hundeerziehung vom Welpenalter bis hin zur Korrektur von Problemverhalten auch bei älteren Hunden.
Es zeigt anschaulich den Weg zu einer erfolgreichen Hundeerziehung unter Berücksichtigung der hundespezifischen Kommunikation und arttypischer Verhaltensweisen. Dies ebnet den Weg für eine vertrauensvolle Bindung zwischen Mensch und Hund mit Spaß und Freude auf beiden Seiten.
Dieses Buch enthält eine Fülle an praktischen Tips und Tricks, um in allen Alltagssituationen einen zuverlässigen vierbeinigen Begleiter zu haben, und es ist sowohl für den Hundeanfänger als auch für den erfahrenen Hundefreund ein anschaulicher Wegweiser, gewünschte Verhaltensweisen, wie z. B. das zuverlässige Herankommen auch unter größter Ablenkung, zu erreichen.
Auch für den Hundefreund, der seinen Hund bereits unter fachlicher Anleitung erzieht, ist dieses Buch ein wertvoller Begleiter, um das Erlernte zu vertiefen und konsequent umzusetzen.

Klasse Nicole und Petra!

Perdita Lübbe-Scheuermann, Hunde-Akademie Gundernhausen

ZUM WEITERLESEN

Bloch Günther,
    Der Wolf im Hundepelz – Hundeerziehung aus einer anderen Perspektive, Westkreuz-Verlag, 1997

Coren Stanley,
    Die Intelligenz der Hunde, Rowohlt, 1995

Durst-Benning Petra, Kusch Carola,
    Der große Spiele-Spaß für Hunde, Kosmos-Verlag, 1997

Feddersen-Petersen, Dr., Dorit,
    Hundepsychologie, Kosmos-Verlag, 1986

Feddersen-Petersen, Dr., Dorit, Ohl Frauke,
    Ausdrucksverhalten beim Hund, Gustav-Fischer-Verlag, 1995

Gängel Andreas, Gansel Timo,
    Rechtsratgeber für Hundehalter, Falken-Verlag, 1997

Harries Brigitte,
    Hundesprache verstehen, Kosmos-Verlag, 1998

Hertrich Hans-Günther,
    Hundespaß Agility, Kosmos-Verlag 1998

Krämer Eva-Maria,
    Der Kosmos Hundeführer, Kosmos-Verlag 1991

Krings Metty, Peper Elke,
    Der kindersichere Hund, Parey Verlag, 1996

Lausberg Frank,
    Erste Hilfe für den Hund, Kosmos-Verlag, 1999

Lind Ekard,
    Richtig spielen mit Hunden, Naturbuch-Verlag, 1997 (Buch u. Video)

Narewski Ute,
    Welpen brauchen Prägungsspieltage, Oertel & Sporer, 1996

Pryor Karen,
    Positiv bestärken – sanft erziehen (extra Clicker-Training), Kosmos-Verlag, 1999

Ross John, McKinney Barbara,
    Hunde verstehen und richtig erziehen, Kosmos-Verlag 1994

Ross John, McKinney Barbara,
    Welpenkindergarten, Kosmos-Verlag, 1997

Schulte-Wörmann Dieter,
> **Mit Hund und Pferd unterwegs**,
> Kosmos-Verlag, 1996

Tellington-Jones Linda, Taylor Sibil,
> **Der neue Weg im Umgang mit Tieren**,
> Kosmos-Verlag, 1993

Tellington-Jones Linda,
> **Tellington-Training für Hunde – das Praxisbuch zu TTOUCH und TTEAM**, Kosmos-Verlag 1999

Trumler Eberhard,
> **Hunde ernst genommen**, Piper-Verlag, 1974

Trumler Eberhard,
> **Mensch und Hund**, Kynos-Verlag, 1988

Trumler Eberhard,
> **Mit dem Hund auf Du**, Piper-Verlag, 1971

Trumler Eberhard,
> **Ratgeber für den Hundefreund**, Piper-Verlag, 1977

Weidt Heinz,
> **Der Hund mit dem wir leben: Verhalten und Wesen**,
> Parey-Verlag, 1989

Weidt Heinz, Berlowitz Dina,
> **Spielend vom Welpen zum Hund**,
> Naturbuch-Verlag, 1996

Zimen Erik,
> **Der Hund**, Goldmann-Verlag, 1992

Zimen Erik,
> **Der Wolf**, Goldmann-Verlag, 1993

VIDEOS

Trumler-Station
> (Gesellschaft für Haustierforschung e. V.)
> „Welpenentwicklung in einem Wildhunderudel"
> Band 1 und 2 – Sehr empfehlenswert

Lind Ekard, **Richtig spielen mit Hunden**,
> Naturbuch-Verlag 1997

QUELLENANGABEN

Alderton, David, **Hundehaltung**, Müller Rüschlikon, 1990

Aldington Eric, **Von der Seele des Hundes**, Gollwitzer, 1985

Aldington Eric, **Was tu ich nur mit diesem Hund?**, Gollwitzer, 1985

Arzt Volker, Birmelin Immanuel, **Haben Tiere ein Bewußtsein?**, Bertelsmann, 1993

Beckmann Simone, **American Stafford**, Kynos Verlag, 1997

Bell, Dr., Charles, **Erste Hilfe für Hunde**, Goldmann-Verlag, 1992

Benjamin Carol, **Hunde aus zweiter Hand**, Müller Rüschlikon, 1991

Bernauer-Münz Heidi, Quandt Christiane, **Problemverhalten beim Hund**, G.-Fischer-Verlag, 1995

Bloch Günther, **Der Wolf im Hundepelz**, Westkreuz-Verlag, 1997

Bockermann Meike, Seidel Angela, **Border Collie**, Parey Verlag, 1996

Bönisch Susanne, **Hunde natürlich heilen**, Mosaik Verlag, 1994

Börner Ulrich, **Der Australian Shepherd**, BWZ Verlag, 1996

Brunner Ferdinand, **Der unverstandene Hund**, Verlag Neumann-Neudamm, 1988

Burgard, Dr. med.vet. Holger, **Homöopathie für Hunde**, Ullstein Verlag, 1996

Chifflard Hans, Sehner Herbert, **Ausbildung von Hütehunden**, Ulmer Verlag, 1996

Coren Stanley, **Die Intelligenz der Hunde**, Rowohlt, 1995

Dodmann Nicholas, **Wer ist hier der Boß?**, Hoffmann und Campe, 1996

Feddersen-Petersen, Dr., Dorit, **Fortpflanzungsverhalten beim Hund**, Gustav-Fischer-Verlag, 1994

Feddersen-Petersen, Dr., Dorit, **Hunde und ihre Menschen**, Kosmos-Verlag, 1992

Feddersen-Petersen, Dr., Dorit, **Hundepsychologie**, Kosmos-Verlag, 1986

Feddersen-Petersen, Dr., Dorit, Ohl Frauke, **Ausdrucksverhalten beim Hund**, Gustav-Fischer-Verlag, 1995

Fisher John, **Vom Strolch zum Freund – Das ABC für Problemhunde**, Müller Rüschlikon, 1995

Fogle Bruce, **Hunde richtig erziehen**, BLV, 1994

Fogle Bruce, **Was geht in meinem Hund vor?**, Lübbe-Verlag, 1993

Fox, Dr., Michael, **Partner Hund**, Müller-Rüschlikon, 1994

Gail Heinz, **1x1 der Hundeerziehung**, Kynos-Verlag, 1991

Gängel Andreas, Gansel Timo, **Rechtsratgeber für Hundehalter**, Falken-Verlag, 1997

Hamalcik, Dr. med. vet. Peter (Hrsg.), **Biologische Medizin in der Veterinärmedizin**, Aurelia Verlag, 1985

Hart Benjamin, Hart Lynette, **Verhaltenstherapie bei Hund und Katze**, Enke Verlag, 1991

Hassenstein Bernhard, **Verhaltensbiologie des Kindes**, Piper Verlag, 1987

Quellenangaben

Hobday Ruth, **Agility macht Spaß I**, Kynos-Verlag, 1993
Hobday Ruth, **Agility macht Spaß II**, Kynos-Verlag, 1993
Hunter Francis, **Homöopathie für Haustiere**, Heyne-Verlag, 1986
Immelmann Klaus, **Einführung in der Verhaltensforschung**, Parey, 1983
Janes Christan, Steccanella Angelo, **Französische Schäferhunde**, Müller-Rüschlikon, 1998
Jung Daniel, **Hundeausbildung**, Huber Verlag, 1992
Krings Metty, Peper Elke, **Der kindersichere Hund**, Parey Verlag, 1996
Lewis Lon, Morris Mark, Hand Michael, **Klinische Diätetik für Hund und Katze**, Schlütersche Verlagsanstalt, 1990
Leyen, Katharina, von der, **Charakterhunde**, BLV, 1998
Lind Ekard, **Richtig spielen mit Hunden**, Naturbuch-Verlag, 1997
Lind Ekard, **Hunde spielend motivieren**, Naturbuch-Verlag, 1998
Lorenz Konrad, **Das sogenannte Böse**, DTV, 1992
Lorenz Konrad, **Die Rückseite des Spiegels/Der Abbau des Menschlichen**, Piper, 1988
Lorenz Konrad, **Er redete mit dem Vieh, den Vögeln und den Fischern**, DTV, 1991
Lorenz Konrad, **So kam der Mensch auf den Hund**, DTV
Lorenz Konrad, **Über tierisches und menschliches Verhalten I.**, Piper
Lorenz Konrad, **Über tierisches und menschliches Verhalten II.**, Piper
Mugford, Dr., Roger, **Hunde auf der Couch**, Kynos Verlag, 1991
Mugford, Dr., Roger, **Hundeerziehung 2000**, Kynos Verlag, 1992
Müller Heinz, **Bullterrier**, Parey Verlag, 1997
Müller Manfred, **Der leistungsstarke Fährtenhund**, Oertel & Spörer, 1996
Narewski Ute, **Welpen brauchen Prägungsspieltage**, Oertel & Spörer, 1996
Niepel Gabriele, **Der Briard**, Parey Verlag, 1997
O'Farell Valerie, **Verhaltensstörungen beim Hund**, Verlag Schaper, 1991
Ochsenbein Urs, **ABC für Hundebesitzer**, Müller Rüschlikon, 1993
Ochsenbein Urs, **Der neue Weg der Hundeausbildung**, Müller Rüschlikon, 1993
Pelz Ilse, **Australian Shepherd**, Oertel & Spörer, 1997
Ross John, McKinney Barbara, **Hunde verstehen und richtig erziehen**, Kosmos-Verlag, 1994
Ross John, McKinney Barbara, **Welpenkindergarten**, Kosmos-Verlag, 1997
Rupp Walter, **Der Blindenhund – Die neue Ausbildungsmethode**, Müller Verlag, Rüschlikon-Zürich, 1987
Schritt Ingeborg u. Eckart, **Windhunde**, Kosmos-Verlag, 1991
Sieber Ilse, Aldington Eric, **Hundezucht naturgemäß mit Liebe und Verstand**, Gollwitzer, 1990

Steiner Astrid, **Agility**, Müller-Rüschlikon, 1995
Stern Horst, **Bemerkungen über Hunde**, Franckh-Kosmos, 1994
Stratton Richard, **Die Wahrheit über den American Pitbull Terrier**, Kynos Verlag, 1995
Tellington-Jones Linda, Taylor Sybil, **Der neue Weg im Umgang mit Tieren**, Kosmos-Verlag, 1993
Tortora Daniel, **Schwieriger Hund was tun?**, Müller-Rüschlikon, 1979
Treben Werner, Dr. Weber Alois, **Homöopathische Hausapotheke für meinen Hund**, Heyne Verlag, 1993
Trumler Eberhard, **Das Jahr des Hundes**, Kynos-Verlag, 1984
Trumler Eberhard, **Der schwierige Hund**, Kynos-Verlag, 1987
Trumler Eberhard, **Ein Hund wird geboren**, Kynos-Verlag, 1992
Trumler Eberhard, **Hunde ernst genommen**, Piper-Verlag, 1974
Trumler Eberhard, **Mensch und Hund**, Kynos-Verlag, 1988
Trumler Eberhard, **Mit dem Hund auf Du**, Piper-Verlag, 1971
Trumler Eberhard, **Ratgeber für den Hundefreund**, Piper-Verlag, 1977
Wachtel Hellmuth, **Hundezucht 2000**, Verlag Gollwitzer, 1997
Wegmann Angela, **Such und Hilf – Leitfaden für die Rettungshundeausbildung**, Kynos Verlag, 1997
Weidt Heinz, **Der Hund mit dem wir leben: Verhalten und Wesen**, Parey-Verlag, 1989
Weidt Heinz, Berlowitz Dina, **Spielend vom Welpen zum Hund**, Naturbuch-Verlag, 1996
Zimen Erik, **Der Hund**, Goldmann-Verlag, 1992
Zimen Erik, **Der Wolf**, Goldmann-Verlag, 1993

REGISTER

Agility 215
Alleinbleiben 70
Alltagsprivilegien 161
Alltagsregeln 161
Alltagsübungen 163
Andere Tiere 51
An-der-Leine-ziehen 127
Angst 54
Ängstlich 54
Aufzüge 52
AUS 139
Auslauf 187
Außenreize 18
Autofahren 52
Autofahren, aussteigen 163
Autofahren, einsteigen 163
Autofahren, Gewöhnung 193
Autofahren, Sicherheitsaspekte 194
Autofahren, unerwünschtes Verhalten 195

Babys 50
Bahnhof 52
Basiserziehung 20

Register

Bellen 182
Bellfreudigkeit 182
Benehmen, schlechtes 176
Beschäftigung 18
Beschäftigungstips 216
Beutespiele 217
Bewegung für Welpen 188
Bindung 21
Bindung und Gehorsam 56
Bindung, mangelnde 18
Bindungsaspekt 46
Bindungsvoraussetzungen 56
Böden, verschiedene 52

Breitensport 215
Briefträger 51
Brücken 52
Busfahren 52

Click & Treat 219
Clicker-Training 219

Disk-Scheiben 34
Dominanzverhalten, offenes 172
Drohgebärden 172
Dunkelheit 53

Einkaufszentrum 52
Entwicklungsphasen 44
Ernährung 37
Erziehung im Alltag 156
Erziehung,
 Grundlagen auf einen Blick 33
Erziehungshilfsmittel 33
Erziehungshilfsmittel
 auf einen Blick 37
Erziehungshilfsmittel, sinnvolle 37
Erziehungsmethode 22
Erziehungsspaziergänge 79

Fähre 53
Fahrradfahren 219
Flexileine 34
Flughafen 52
Flyball 215
Fremde Menschen 50
Fresser, schlechte 39
FUSS 153
Futter 37
Futtermenge, richtige 39
Füttern 169
Füttern, am Tisch 160
Futterrangordnung 161
Gebiete, wildreiche 61
GEH WEG 180
Gehorchen als Gewohnheit 26
Geleitworte 8
Gentle-Dog 34
Gewissen, schlechtes 30
Gewöhnung an Wasser 53
Grenzen der Erziehung 14
Grundlagen der Erziehung auf einen
 Blick 33

Halsbänder 33
Haltemethode 141
Halti 133
Halti 34
Hasen 51
HIER 78
Hilfsmittel 33
Hinterherrennen 94
Hochspringen, abgewöhnen 173
Hörzeichen, einfache 24
Hunde, die Radfahrer,
 Jogger hetzen 89
Hundebegegnungen 51
Hundepfeife 34

Ignorieren 171

Im-Weg-liegen 162
Inline-Skaten 219

Jagdverhalten 59
Jagdverhalten im Alltag 64
Jahrmarkt 53
Jogger 50

Kaninchen 51
Katzen 51
Kinder 195, 199
Kind-Hund-Verhältnis 195
Kiste 67
Kleinkinder 50
Knurren 172
Knurren und Bellen an der Leine 185
KOMM 78
KOMM mit Hilfsperson 84
Kommen auf Zuruf 72
Kommen auf Zuruf, Regeln 93
Kommen auf Zuruf, typische Fehler 96
Kommen, Grundsätze 73
Kommunikation, soziale 202
Konsequenz 16, 25
Kontakt mit anderen Hunden 183
Kontaktliegen 211
Kopfhalfter 34, 133
Kopfhalfter, Gewöhnung 133
Kopfhalfter, Übungsplan 137
Kopfhalfter, Vorteile 133
Korallenhalsband 33
Körperkontrolle 50
Kühe 51
Kunststückchen 217
Kynologie 44

Leckerchen 28
Leckerchen und Ernährung 38
Leine, Verhalten an der 184
Leinen 33
Leinenführigkeit 127

Lernen, prägungsähnliches 45
Liegen, erhöhtes 161
Lob 27

Manipulationsstrategien 171
Manipulationsverhalten 165
Master-Plus-System 35
Meerschweinchen 51
Menschen, fremde 50
Menschenmengen 52

Pferde 51
Pflege 50
PLATZ 113
PLATZ auf Entfernung 144
PLATZ aus dem Spiel 151
PLATZ beim Laufen an der Leine 148
PLATZ innerhalb der Übung FUSS 150
Platzübung, Variationen 144
Prägung 44
Prägungsähnliches Lernen 45
Pubertät 46

Radfahrer 50
Rehe 51
Restaurantbesuche 52
Rolle 217
Rufen, aussichtsloses 97
Rufen, ständiges 97

Schafe 51
Schlafen, im Bett, auf dem Sofa 160
Schlafplatz 66
Schlechte Fresser 39
Schlechtes Gewissen 30
Schleppleine 34, 76
Schleppleine, 10 m 90
Schleppleine, 5 m 88
Schleppleinentraining 86
Schmusen 170, 211
Schnappen 172

Schnauzgriff 143
Schreckreize 51
Selbstbelohnendes Verhalten 59
Sich schämen 218
Sinnvolle Erziehungshilfsmittel 37
SITZ 105
Spazierengehen 188
Spaziergang, Aufbruch zum 164
Spaziergänge
    in reizarmer Umgebung 94
Spaziergänge
    mit unerzogenen Hunden 97
Spaziergänge, abwechslungsreiche 215
Spiel, kontrolliertes 202
Spielen 202
Spielen beim Training 206
Spielmotivation 205
Spielzeug 207
Stachelhalsband 33
Stimmungsübertragung 26
Strafe bei
    verspätetem Herankommen 96
Straßenverkehr 51
Streunen 188
Stubenreinheit 67
Suchspiele 216

Tauschmethode, Leckerchen 139
Tauschmethode, Spielzeug 141
Teletakt 35
Tierarzt 50
Tiere, andere 51
Timing 32
Treppen 52
Trösten 54
Turnierhundesport 215

Übergewicht 37
Übungen für Fortgeschrittene 144
Übungsplan für Welpen 71
Übungsplan KOMM 85

Übungsplan Kopfhalfter 137
Übungsplan Leinenführigkeit 131
Übungsplan PLATZ 125
Übungsplan Schleppleinentraining 95
Übungsplan SITZ 112
Übungsplan Wurfkettentraining 103
Umweltsozialisation 48
Unterforderung 213

Variationen der Platzübung 144
Verhalten, selbstbelohnendes 59
Verhalten, unerwünschtes 175
Verkehr 51
Verkehrssicherheit 192
Verstärkung 29
Versteckspiel 83
Volksfest 53

Wasser, Gewöhnung an 53
Welpenschutz 196
Welpenschutz 57
Welpenspielgruppe 54
Welpenspielstunde 183
Welpenspinnen 179
Wild 51
Wildpark 62
Wildreiche Gebiete 61
Wildschweine 51
Wurfkette 34
Wurfkette 99
Wurfkettentraining 99
Wurfkettentraining, Aufbau 100
Wurfkettentraining, sensible Hunde 102

Zeitungsrolle 31
Ziegen 51
Zugfahren 52
Zuwendung im Alltag 32
Zwingerhund 189

NÜTZLICHE ADRESSEN

Gesellschaft zum Schutz der Wölfe e. V.
Geschäftsstelle Günther Bloch
Von-Goltstein-Straße 1
53902 Bad Münstereifel
Tel.: 02257/7441
http://members.xoom.com/gzsdw/

Gesellschaft zum Schutz der Wölfe e.V.
Redaktion WOLF MAGAZIN
Blasbacher Straße 55
35586 Wetzlar

Gesellschaft für Haustierforschung e. V.
Eberhard-Trumler-Station
http://home.t-online.de/home/
GfH.Trumler/gfh.htm

Videos der Eberhard-Trumler-Station:
Wolfswinkel 1
57587 Birken-Honigessen

Kurze Leinen und Schleppleinen:
Hundetechnik Peter Ziegler
Klingenstraße 4
73779 Deizisau
Tel.: 07153/21946

TASSO
Hautierzentralregister
für die BRD e.V.
Frankfurter Straße 20
65795 Hattersheim

Petra Führmann und Nicole Hoefs
Dog-Trainee-Program
Hundeerziehung und
Verhaltensberatung
Elsässer Straße 6
63739 Aschaffenburg
Tel: 06021/20156
Petra.Fuehrmann@hundeschule-ab.de
http://www.hundeschule-ab.de

WWF
Rebstöcker 23
60326 Frankfurt a. M.
http://www.wwf.de

Verband für das deutsche Hundewesen
e.V. (VDH)
Westfalendamm 174
44141 Dortmund
Tel. 0231/56500-00